KB002386

감정과 사랑 심리학

감정과 사랑 심리학

사랑을 이루고 싶다면
먼저 자기 감정의 주인이 되라!

레몬심리 지음 | 박영란 옮김 | 설찌 그림

레몬한스푼

서문

사랑은 우리가 살면서 피할 수 없는 주제다. 사랑을 '딱 맞는 타이밍에 딱 맞는 사람을 만나는 것'이라고 말하는 사람도 있고, 결혼을 '서로 모르는 사람 둘이 만나 서로에 대해 알아가는 것'이라고 말하는 사람도 있다.

　우리는 많은 것을 보고 듣고 경험했지만 자신이 생각하는 가장 완벽한 남녀 관계를 간단명료하게 표현할 수 있는 사람은 드물다. 할 수 있다고 해도 '복잡미묘'라는 네 글자가 전부일 것이다.

　그렇다고 사랑이 결코 추측할 수 없는 것은 아니다. 생리학적인 관점에서 봤을 때 우리가 이성에게 끌리는 이유는 도파민과 세로토닌의 영향 때문이다. 도파민이 분비되면 기분이 좋아지고 흥분돼서 마치 운명의 상대를 만난 것처럼 느끼게 된다. 또 세로토닌은 우리가 사랑하는 사람에게 구애할 수 있는 충분한 힘을 주기도 한다.

사랑하는 사람에게 성적 욕망을 갖는 것은 부끄러운 일이 아니라 인간의 본능에 기인한 자연스러운 것이다. 예전부터 성호르몬은 인간에게 이성에 대한 욕구를 갖게 하여 다음 세대를 번성시키는 유전자를 전달해 왔다. 하지만 두 사람이 함께 있다고 해서 모든 것이 끝나는 것은 아니다. 사람들이 진정으로 오랫동안 서로 의지하며 지내기 위해서는 신경 펩타이드 옥시토신이 필요하다.

심리학적으로 사랑은 열정, 친밀함, 약속의 세 부분으로 구성된다. 열정은 사랑에 있어 성적인 요소로 서로 감정적으로 이끌리는 격렬한 사랑을 의미한다. 친밀함은 사랑의 동기적 요소이자 심리적 호감으로 따뜻함을 나타낸다. 약속은 사랑의 인지적 요소로 관계의 유지를 결정하는 것에 대한 기대나 보장을 말하며 침착함을 나타낸다. 열정과 친밀함, 약속을 동시에 갖출 때 비로소 완벽한 사랑이라고 할 수 있다.

우리 팀은 수년간의 심리상담 사례들을 종합해서, 주변에서 흔히 볼 수 있지만 쉽게 간과되는 사랑이나 결혼 문제 뒤에 숨겨진 심리적 원리를 이해하기 쉬운 언어로 풀어냈다.

혹시 이런 고민을 해본 적이 있는가?

매번 사랑에 실패하면서 왜 항상 비슷한 사람에게 끌리는 걸까?

두 사람의 관계를 발전시키는 방법은 없을까?

상대방이 자신의 아름다움을 발견하게 하는 노하우는 없을까?

그 사람이 내 인생에 하나뿐인 사랑이라는 것을 어떻게 확인할 수 있을까?

서로의 갈등을 어떻게 해결할 수 있을까?

어떻게 하면 사랑하는 사람에게 화를 내지 않도록 감정을 조절하고, 의사소통을 통해서 그를 더 이해할 수 있을까?

결혼한 후 점점 식어가는 관계를 가만히 보고만 있어도 되는 걸까?

……

이 책은 이런 고민을 가진 사람들을 위한 책이라고 감히 말할 수 있다. 지루하고 심오한 이론과 설교는 이제 그만!

가장 익숙한 생활밀착형 언어로 당신의 정서적 문제를 다루는 방법을 알려 주는 것이 우리의 목표다. 작게는 상대방의 휴대폰을 확인하고 싶은 문제부터 크게는 실연에 대처하는 방법까지 함께 느끼고 분석하고 이해함으로써 자신과 상대방이 원하는 바를 깨닫고 서로를 만족시키는 방법을 알게 될 것이다.

자신을 사랑하는 법을 배우도록 하자. 그것부터가 시작이다.

레몬심리

차례

서문

1장

삶의 어두움 속에서 벗어나
사랑을 품은 해바라기가 되자

2장
아무 말 하지 않아도
바람이 널 대신해서 고백해줄 거야

3장
달콤한 사랑의 거짓말, 달이 정말 그의 마음을 알려줄까?

4장
**사랑의 달콤함에서
깨어날 수 있을까?**

5장
결혼은 무덤이 아니라 천국이다

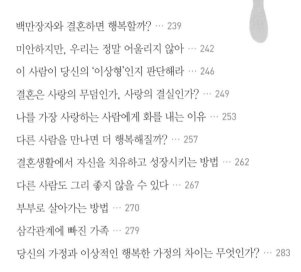

6장
열매가 없는 연애도
치유의 여정이다

1장

삶의 어두움 속에서 벗어나
사랑을 품은 해바라기가 되자

이 세상 어딘가에
당신을 기다리고 있는 사람이
있다는 사실을 알아야 한다.
그때가 언제든 그곳이 어디든
결국 당신은 그 사람을 알아보게 되어 있다.
아주 자연스럽게 말이다.

우리는 왜 나와 잘 맞는
반쪽을 찾지 못할까?

며칠 전 나는 엘리베이터에서 한 여성이 친구에게 이런저런 불평을 늘어놓는 소리를 들었다. 유심히 들어보니 자신에게 딱 맞는 사람을 만나지 못한 현실에 대한 푸념이었다.

'같이 있으면 편안하고 싸워도 상처 주지 않는' 사람을 만난다는 것은 정말 어려운 일이다. 어쩌면 그런 사람을 찾는 것 자체를 피곤한 일이라고 여겨서 아예 사랑을 하지 않으려고 할지도 모르겠다.

대부분의 사람이 아름다운 연애와 결혼생활을 갈망하지만 현실은 현실이다. 많은 사람이 마음이 잘 맞는 상대를 찾지 못하고 줄줄이 실패의 쓴잔을 마신다. 결혼 적령기인 당신은 눈앞에 놓인 고민과 무기력함에서 벗어나고자 어쩔 수 없이 같은 대답만 늘어놓는다.

"아직 잘 맞는 사람을 만나지 못했어요."

이제 막 서른이 된 N은 누가 봐도 흠잡을 데 없는, 말 그
대로 정말 괜찮은 사람이다. 어딜 가도 빠지지 않는 외모에
석사학위까지 받은 재원인 그녀는 국내 굴지의 대기업에 다
니면서 남들이 부러워할 만큼의 연봉을 받는다. 그런 그녀
도 친구들을 만날 때마다 답답함을 토로하곤 한다.

"괜찮은 남자들은 대체 다 어디 간 거야? 정말 이해할 수
가 없다니까. 나 정도면 괜찮은 여자 아니야? 그런데 아직
도 마음에 드는 사람을 찾지 못하고 있잖아. 나 좋다는 사람
은 내 마음에 안 들고, 내 마음에 드는 사람은 이미 다 짝이
있고, 어떻게 해야 좋을지 모르겠다니까."

그럴 때마다 친구들은 그녀에게 묻는다. "넌 어떤 남자가
좋은데?"

N은 자신의 배우자가 갖추어야 할 조건에 대해 이미 오래
전부터 생각해왔기 때문에 친구들의 질문에 거침없이 대답
을 쏟아낸다.

"우선 나이가 너무 많으면 안 되니까 나보다 다섯 살 위거
나 두 살 아래 정도면 괜찮을 것 같아. 키는 아무래도 나보
다는 커야겠지? 내 키가 171cm인데 여기에 하이힐 높이랑

여름에 모자를 쓰는 것까지 감안하면 못해도 180cm는 돼야 겠다. 학력은 내가 석사까지 했으니까 최소한 나와 같은 수준은 돼야 하지 않을까? 거기다 대도시 출신이면 좋겠고 부모님들도 학식 있고 점잖은 분들이면 좋겠어, 교수 정도면 딱 좋겠다! 당연히 집도 있어야지. 방 세 개에 거실 하나! 안 그러면 결혼해서 어디서 살겠어? 차가 벤츠나 BMW 정도는 아니어도 샤리(夏利, 중국의 대표적인 중저가 소형 자동차 브랜드)는 심하지 않아? 그리고 운동을 좋아했으면 좋겠고 이목구비가 또렷하고 배는 안 나왔으면 좋겠어. 여기에 담배 안 피우고 술 안 마시고 도박 안 하면 최고지! 물론 수입도 나보다 적으면 안 되고……."

N이 말한 이상적인 배우자의 조건을 정리해보면 다음과 같다.

나이 28세에서 35세까지, 키 180cm 이상, 학자 집안, 석사 이상의 학력, 대도시 출신, 자가와 자차 소유, 건전한 취미, 좋은 성품과 준수한 외모의 고소득자.

이런 조건을 갖춘 남자라면 더할 나위 없이 좋겠지만 평소에 우리가 만나는 사람들 중에 이런 사람의 비율은 아주 낮기 때문에 이런 남자를 만날 확률도 매우 낮을 수밖에 없

다. N이 원하는 외모와 학력, 이 두 가지 조건만으로도 이미 많은 사람이 걸러질 것이다. 그리고 비관적으로 들릴 수 있겠지만 대도시 출신에 자가와 자차를 소유, 고소득, 좋은 가정환경 등과 같은 조건을 충족하는 사람도 미혼 남성 1천 명 가운데 1명 찾을까 말까 할 정도여서 이런 남자를 만날 수 있는 확률은 매우 낮다.

솔직히 말해서 이런 남성이 좋은 사람이라는 사실은 당신도 알고 있고, 대부분의 사람들도 잘 알고 있다. 결혼을 '두 번째 인생'으로 삼고 운명을 바꾸려는 여성들은 대개 더 예민한 후각과 생존본능을 지녔으며, 전략에 능하고 행동도 빠르다. 그 덕분에 금세 상황을 파악하고는 쉽게 잠재적인 '우량주'를 발견해낸다.

물론 당신이 뭔가 잘못하고 있다는 의미는 아니다. 단지 배우자를 선택하는 데 있어서 조건을 어느 정도 수정할 필요가 있다는 말을 하고 싶을 뿐이다.

먼저 결혼에 대한 당신의 태도를 바로잡는다. '잘난 배우자 만나기'라는 생각을 '나와 잘 맞는 배우자 만나기' 혹은 '말이 잘 통하는 배우자 만나기' 등으로 바꿔보면 어떨까. 물질적 조건이 결혼의 기본 요소이긴 하지만 결혼생활의 행복은 두 사람이 추구하는 정신적 조건이 일치하느냐에 달렸다. 만약 당신과 취미와 관심사가 같은 사람이라면 인생에 대한 생각과 가치관이 동일선상에 있으므로 두 사람 모두 기꺼이 상대의 의견을 경청하고 공유하기를 원할 것이다. 그야말로 서로에게 잘 맞는 한 쌍이 될 것이다. 이렇게 서로 잘 맞는 두 사람이 함께 유지하는 결혼을 해야 고도의 정신적인 연합을 이룰 수 있다.

다음으로는 배우자에 대한 당신의 기준을 조정한다. 키가 뭐 그렇게 중요한가? 왜 여성들은 배우자를 고를 때 키를 우선순위에 두는 것일까? 이는 사실 고대 전통문화에서 형성된 일종의 고정관념이다. 고대 사람들은 자신을 보호할 수 있는 수단이 거의 없었기 때문에 사냥을 하거나 캠프를 지킬 때 체격이 큰 남성이 이점을 가질 수밖에 없었다. 그래서 여성은 자신의 안전과 후대의 보호를 위해 이러한 남성을 배우자로 맞으려고 했다. 지금은 과거와는 달리 키가 클수록 좋다는 법은 없다. 하지만 현대 미디어가 발휘하는 강력한 힘 때문에 우리는 화면에서 하나같이 키가 크고 체격이 좋은 남성들만 보게 된다. 이러한 현상을 수동적으로 받아들인 여성들은 어느새 그것이 합리적인지에 대한 생각은 접어두게 된다.

또한 꼭 고학력자여야 할까? 학력은 단지 일정 단계, 일정 수준의 학습 능력만 증명해줄 뿐이다. 더 중요한 것은 지식에 대한 그 사람의 갈망이다. 지식을 탐구할 줄 아는 사람일수록 더 겸손하고 관대하다. 고학력자라고 해서 이 모든 것을 해낼 수 있다고 장담할 수 없다. 학문을 깊이 탐구할수록 사고의 폭이 넓어지고 더 많은 지식을 이해하고 싶어 하므로 다른 사람보다 해낼 확률이 높다고 생각하는 것뿐이다.

또 하나 중요한 점은 통찰력이다. 사람이 아무리 많은 책을 읽고 다양한 지식을 갖추고 있다고 해도 여러 갈래의 길을 가보지 않았다면 사물을 이해하는 방식이 매우 제한적일 것이다.

집 문제를 살펴봐도 대부분의 나라가 결혼과 집을 중요하게 생각하지만 우리처럼 결혼과 부동산을 밀접하게 연관시키는 나라도 없을 것이다. 이는 우리의 전통 가치관이 반영된 것이 아니라 결혼정보회사와 부동산, 매체가 함께 만들어낸 사회적 기대에 불과하다. 물론 집은 당신이 배우자를 선택하는 기준 중 하나가 될 수 있다. 하지만 그보다 중요한 것은 그 사람이 당신과 잘 맞느냐다.

어쩌면 당신은 잘 맞는 사람을 만나지 못한 것이 아니라 어떤 사람이 당신과 잘 맞는 사람인지 모르고 있는 것일 수도 있다.

　이는 이 장에서 내가 가장 하고 싶은 말이기도 하다. 자신이 어떤 사람인지조차 제대로 알지 못하는데 상대가 자신과 어울리는지, 어떤 조건을 따져봐야 하는지 어떻게 알 수 있겠는가.

　쉽게 말해서 우리의 자아인식과 현실의 자기표현에는 차이가 있을 수밖에 없다. 그래서 자신에 대해 잘 안다고 생각하지만 실상은 전혀 그렇지 않은 것이다.

　직장에서는 곱게 화장한 우아한 모습으로 한 치의 오차도 없이 신속하게 일을 해내고 쉬는 시간에는 동료들과 수다를 즐기는 당신이지만 주말만 되면 모든 야외활동을 거부하고 맨얼굴로 집 안에 틀어박혀 '방콕'을 즐긴다. 이러한 생활 패턴을 지닌 당신은 스스로 삶에 높은 기준을 가진 '인간관계의 대가'로 정의하기 때문에 배우자나 연애 상대를 찾을 때도 이와 비슷한 조건을 가진 사람을 찾는다. 하지만 직장에서나 '인간관계의 대가'이지, 집에서는 그렇지 않은데 어떻게 '인간관계의 대가'를 만날 수 있겠는가?

　결국 당신의 기준에 맞는 사람을 찾는 일은 불가능하다.

　자신에게 맞는 사람을 찾지 못하는 또 다른 중요한 이유는 마음 한구석에 말 그대로 '이상형'을 품고 있기 때문이다.

많은 사람이 자신의 이상형을 만나지 못한다고 투덜거리고, 연애를 하면서도 남자친구를 못마땅해한다. 이런 사람들은 마음속으로 정해둔 이상형의 기준을 들이대며 상대방에게 요구하는데, 조금이라도 기준에서 벗어나면 매우 속상해하며 서로 적응하는 단계를 버티지 못하고 도망치고 만다.

그러나 서로 다르다고 해서 잘 맞지 않는 것은 아니다. 사실 나와 잘 맞는 사람인지는 실패하고 나서야 비로소 정의내릴 수 있다.

그렇다면 우리는 어떻게 잘 맞는 사람을 만날 수 있을까?

첫째, 자신과 상대방에 대한 자신의 기준을 이해한다. 앞서 우리의 자아의식과 자기표현에는 편차가 존재한다고 언급한 바 있다. 이런 인지적 편향(Cognitive Bias)이 생길 수 있는 만큼 가족이나 주변 사람들에게 자신에 대해 어떻게 생각하는지 물어보고 대답을 정리해보면 자신을 더 깊이 이해하는 데 많은 도움이 될 것이다.

자신이 어떤 사람인지 이해하고 나면 상대방에 대한 자신의 진짜 기준이 무엇인지 생각해보자. 두 부분으로 나눠서 생각해 볼 수 있는데, 자신이 원하는 상대방의 조건과 원치 않는 조건을 고민해보면 쉽게 접근할 수 있다.

상대방이 갖고 있었으면 하는 조건을 생각할 때는 성격이나 가정환경, 가치관, 공통 관심사부터 시작한다. 예를 들어 성격적으로 봤을 때 자주 불안함을 느끼는 사람이라면 안정감을 느낄 수 있는 사람을 찾는다거나, 가정환경이나 가치관을 중요시하는 사람이라면 가족을 대하는 태도나 상대방을 배려하는 태도를 고려의 대상에 포함시킬 수 있다.

반대로 상대방이 갖고 있지 않았으면 하는 조건을 고려할 때는 매력적이지 않거나 중요한 문제에 대한 공감대가 부족한 것 등을 생각해보는 것이 좋다. 이런 점들이 모두 고려되어야 정말 잘 맞는 사람을 찾을 수 있다.

둘째, 적절하게 타협할 준비를 하고 서로에게 적응하는 시간을 주자. 세상에 완벽한 사람은 없다. 정말 자신에게 딱 맞는 사람을 만날 가능성도 희박하다. 상대방에 대한 사소한 불만으로 관계를 포기하고 돌아서는 것은 정말 무책임하고 가치 없는 일이다. 두 사람이 정말 함께하고 싶다면 그만큼 삶의 모든 면을 포용하고 서로 적응하려는 노력이 필요하다. 당신이 제멋대로 행동하는 것을 상대방이 힘들어한다면 겸손하게 변하려고 노력하면 된다. 당신이 상대방의 소극적이고 진취적이지 않은 모습을 싫어한다면 그가 당신을 위해 적극적인 모습을 보이면 된다.

물론 적당한 타협만으로 모든 갈등을 해결할 수는 없고, 적당한 타협이 무조건 한 걸음 물러선 양보만을 뜻하는 것은 아니다. 타협을 한다는 것은 서로에게 '더 잘 맞는', '더 잘 어울리는' 사람이 되기 위한 노력이다. 남성들이 가부장적인 남성주의를 내려놓고 여성들이 유리심장을 조금 더 강하게 만든다면 서로에게 아주 잘 맞는 사람이 될 수 있다.

적당한 타협은 자신과 잘 맞는 연애 상대를 찾는 데 도움이 된다. 그뿐만 아니라 배우자 선택 기준을 바꾸면서 자신을 새롭게 인식할 수 있다. 나는 바로 이 점이 더 중요하다고 생각한다.

이 세상 어딘가에 당신을 기다리고 있는 사람이 있다는 사실을 알아야 한다. 그때가 언제든 그곳이 어디든 결국 당신은 그 사람을 알아보게 되어 있다. 아주 자연스럽게 말이다.

연애도 실패,
결혼도 불행한 사람들에게

"연애도 실패했는데, 결혼생활도 만족스럽지 않아요." 이런 불만을 늘어놓는 사람들은 한두 명이 아니지만 대부분 말로만 불평할 뿐 끊임없이 생기는 불만의 원인을 고민하지는 않는다.

사실 많은 사람이 자신이 항상 반복적인 행동을 하고 있다는 사실을 깨닫지 못하곤 한다. 이런 유형의 남성은 바람둥이 기질이 강해 당신과 사귀면서도 바람을 피울 거라는 사실을 뻔히 알지만 자신의 욕구를 통제하지 못해서 결국 제3자의 개입으로 관계를 포기하게 되는 식이다. 또 이런 방법이 갈등을 해결하는 데 도움이 되지 않는 걸 뻔히 알면서도 그대로 유지하여 계속해서 갈등을 확대시키고 결국 헤어지는 길을 선택하기도 한다.

이와 같은 현상을 '무의식적으로 어떤 특정 유형의 사람과 깊고 강한 상호작용을 일으키는 경향이 있다'라고 설명할 수 있는데, 심리학에서는 이것을 '강박적 반복(Compulsive Repetition)'이라고 한다. 그렇다면 우리가 이런 특정 유형의 사람과 상호작용을 일으키는 이유는 무엇일까? 우리는 그 사람의 성장 과정에서 중요한 역할을 했던 사람의 그림자나 심리적 특징을 발견하게 되는데 이는 대체로 부모인 경우가 많다.

강박적 반복이라는 것은 대체 무엇을 반복한다는 것일까? 주로 두 가지 측면을 포함한다.

첫째, 어린 시절 만족하지 못했던 부분을 반복한다. 어릴 적 부모의 이해와 관심이 부족했다면 성인이 된 후에 자신을 걱정해주고 이해해주는 사람에게 더 끌리고 그런 사람을 더 찾게 되는 경향이 있다. 상대방에게 결점이 많더라도 그것을 그 사람이 가진 독보적이고 치명적인 매력이라고 생각한다.

이러한 반복은 사실 자신의 욕구를 지속적으로 만족시키는 과정이며, 어릴 때 놓쳤던 것, 지금 보완하고 싶은 것을 채워주는 과정이다. 이렇게 사랑의 결핍을 경험하면 사랑받기를 갈망하고 옆에 있는 사람에게 의존하게 된다.

둘째, 어린 시절 수동적인 생활 패턴을 반복한다. 가정에서 부모님이 갈등을 해결하는 유일한 방법이 끝나지 않는 논쟁뿐이었다면 당신도 상대방과 갈등이 생겼을 때 얼굴을 붉히고 핏대를 세워가며 전혀 논리적이지 않은 논쟁을 이어갈 것이다. 사람들이 흔히 '커보니까 한때 내가 싫어했던 부모의 모습이 그대로 보이는 자신을 발견하곤 한다'라고 하는데, 그 말의 의미를 깨닫게 된다.

같은 상황이 반복되는데도 근본적인 문제는 아무런 변화 없이 그대로 방치된다. 어린 시절의 상처를 치유하고 충족되지 않았던 안타까움을 만회할 수 있는 두 번째 기회가 있을 거라고 생각하겠지만 그 고통은 쉽게 가시지 않는다. 그래서 연애와 결혼도 해피엔딩을 맞이하기 어려워진다.

그렇다면 이런 불행의 주범인 강박적 반복을 어떻게 밀어낼 수 있을까?

나는 자신의 마음을 직시하고 근원을 찾아가 자신이 계속 반복하고 있는 사건이 무엇인지 구체적으로 적어보길 권한다. 그 과정에서 반드시 사건이 발생한 시간과 장소를 정확히 파악하는 것이 중요하다. 사건의 시간과 장소를 열거하고 나면 이미 지나간 일일 뿐더러 시간과 장소도 일치하지 않는데 왜 자꾸 반복하게 되는지 스스로 자문해볼 수 있게 된다. 현재는 현재고, 과거는 과거다! 이 점을 인식하는 것이 강박적 반복에서 벗어나는 데 가장 중요하다.

아직 싱글이라면 강박적 반복을 뛰어넘어야 자신과 잘 맞는 사람을 만날 수 있다. 만약 연애 중이거나 결혼을 했다면 강박적 반복에서 벗어나기 위해 합리적이고 객관적으로 문제를 바라보고 해결해야 한다.

연애와 결혼은 부족한 내면의 상처를 치유하는 창구이다. 이런 친밀한 관계를 통해 자신이 무엇을 원하는지 발견하고 더 이성적으로 자신을 인식하며, 더 나은 방법으로 자신이 원하는 사랑과 배우자를 찾을 수 있게 된다.

고백에 대한
첫 번째 반응, 짜증

친구 중에 연애 문제로 고민하는 친구가 있는데, 나조차도 쉽게 이해되지 않는 부분이 있다. 그녀는 싱글이 된 지 꽤 오래되었지만 그녀를 좋아하는 사람이 없는 것은 아니었다. 오히려 남성들에게 인기가 많아서 자주 고백을 받곤 한다. 그런데 매번 연애를 시작하기도 전에 이미 끝나버리고 만다. 그녀는 좋아하는 사람을 만날 때마다 모든 것을 쏟아붓고 그 사람을 위해 지나친 호의를 베푸는 등 많은 것을 해주며 상대방이 자신의 전부라고 여기곤 했다.

하지만 정작 상대방이 호감을 표하면 그녀는 순간적으로 불편함을 느끼고 관계에서 슬며시 발을 빼고 만다. 그리고 다른 사람을 만나서 똑같은 행동을 반복한다.

얼마 전에 그녀가 나를 찾아왔다. "내가 생각해도 나 좀 이상한 것 같아. 그 사람을 좋아하는 건 맞는데 그 사람이 날 좋아한다고 생각하면 누군가에게 감시당하고 있다는 생각이 들어서 어딘지 모르게 기분이 좋지 않아. 그냥 날 내버려 뒀으면 좋겠다는 생각뿐이야. SNS에서 그 사람 얼굴만 봐도 너무 싫고 짜증이 난다니까. 나 어떻게 하면 좋지?"

사실 이것은 로맨틱 지향성(Romantic Orientation)의 아주 전형적인 표현이다. 로맨틱 지향성을 간단하게 정의하자면 당신이 호감을 품고 있던 대상이 당신에게 애정을 표현했을 때 갑자기 싫어지는 것을 말한다. 대체로 오랫동안 혼자 지내온 사람들이 로맨틱 지향성적인 심리상태를 보이는데, 짝사랑을 하는 것이 나름대로 큰 즐거움이어서 쉽게 헤어 나오지 못하는 것이다. 그들은 상대방을 몰래 지켜보거나 상대방이 앉았던 의자에 몰래 앉아 보는 등의 행동을 하며 기쁨을 느낀다. 짝사랑은 로맨틱 지향성을 선호하는 사람들에게는 너무 아름다워 보여서 서로의 장점을 극대화하고 상대방과 한없이 친밀한 장면을 상상하게 만든다.

이런 로맨틱 지향성 심리는 왜 생기는 걸까? 이것은 각자가 지닌 서로 다른 유형의 인격과 관련이 있다. 일반적으로 인격은 안정형 인격과 불안정형 인격의 두 가지 유형으로 나눌 수 있다. 로맨틱 지향성을 띠는 사람들은 불안정형 인격 가운데 대체로 회피형 인격을 보이는데 회피형 인격은 유년 시절 부모의 보살핌과 관심의 결핍에서 비롯되는 경우가 많다. 이런 아이들은 어린 시절 부모가 자녀 곁에 오래 있어 주지 못해 자녀와 부모 사이에 특별한 감정적 교감이 형성되어 있지 않기 때문에 낯선 사람에게 쉽게 위로를 받는다. 그래서 부모와 떨어져 있다가 다시 만나게 되면 부모를 피하는 반응을 보이기도 한다. 부모에 대한 자녀의 소극적이고 부정적인 이런 반응이 바로 로맨틱 지향성의 근본적인 원인일 수 있다.

어린 시절의 경험으로 생긴 애착은 성인이 된 후 연애관에 그대로 반영된다. 이런 유형의 사람들은 사람들과 사귀는 것을 좋아하면서도 친밀한 관계는 두려워한다. 친밀한 관계를 인간관계의 최후 단계로 삼는다. 로맨틱 지향성을 선호하는 사람은 천성적으로 불안함을 갖고 있다. 누구나 어느 정도의 불안함을 갖고 있긴 하지만 애착 유형에 따라 종종 서로 다른 표현 방식을 보인다. 회피형 인격을 가진 사람은 연락을 회피하는 방법을 선택해서 스스로 상대방과 거리를 두거나 불안함에서 오는 근심을 피하려고 메신저나 SNS 등을 모두 차단해버린다.

많은 로맨틱 지향성 사람들이 연애를 할 때 거부의 단계를 거치게 될 것이고 그들은 이 문제에 대해 상대방과 논의하는 것을 어떻게든 피하려고 할 것이다. 그래서 이를 위해 가장 직접적인 방법으로 연락을 하지 않거나 접촉을 끊어버리다가 결국 관계 자체를 끝내버리고 만다.

　나는 어떤 연애든 천천히 받아들이고 느끼는 것이 중요하다고 생각한다. 처음에는 나와 다른 상대방의 습관이 불편하게 느껴져서 고민하기 마련이지만 거절과 회피만 하다 보면 자신의 동반자가 될 수 있었던 그 사람을 놓치고 만다. 차라리 상대방에게 자신의 이런 성향을 스스럼없이 알려주는 것이 낫다. 이해와 포용이야말로 감정을 다루는 가장 좋은 방법이다.

휴대폰 너머로
진정한 사랑을 이룰 수 있을까?

최근 소셜 네트워크가 급속도로 발전함에 따라 모든 사람이 점점 온라인 생활에 익숙해져서 식사나 업무, 여행 등 어느 것 하나 인터넷과 관련되지 않은 것이 없을 정도다. 심지어 본격적인 연애를 시작하기 전 썸을 타는 것도 인터넷으로 이루어진다. SNS를 통해 이야기를 나누다 어느새 감정이 생겨서 고백을 하는 경우도 있다. 그런데 얼핏 들으면 낭만적으로 보이지만 작은 휴대폰 화면을 사이에 두고 그가 정말 당신이 찾던 그 사람이라는 사실을 확신할 수 있을까?

SNS의 중요한 특징 중 하나는 '즉시성', 즉 실시간으로 이루어지는 것이다. 마치 서로 얼굴을 맞대고 대화하는 것과 비슷한 속도로 메시지를 전달한다. 그러나 실제로 대부분의 사람은 메시지를 보내기 전에 어떻게 하면 최고의 결과를 얻을 수 있을지 이런저런 생각을 많이 한다. 이는 키보드만 두드려서 하는 대화는 그저 머릿속에서 구상된 쇼일 뿐이라는 의미다. 이른바 실제적인 반응은 이미 사람들의 머릿속에서 예고된 '재방송'일 뿐이다.

평소 호감이 있던 사람과 SNS를 통해 대화를 할 때, 서로 볼 수 없다는 점을 이용해서 상대방이 '입력 중'일 때의 행복을 맛보기 위해 자신을 재미있고 상대방과 잘 어울리는 사람으로 포장하곤 한다. 크게 비난할 일은 아니지만 본의 아니게 상대방이 이해한 사람은 '진짜 나'가 아니라 '가짜 나'이고 당연히 당신이 좋아하는 사람도 당신에게 '진짜 모습'이 아니라 '가짜 모습'을 보여줄 수 있다.

아니면 반대로 휴대폰을 사이에 둔 커뮤니케이션은 상대방에게 당신이 엉뚱해 보이거나 서로 말이 통하지 않는 것처럼 비칠 수도 있다. 이런 현상이 일어나는 근본적인 이유는 상대방에 대한 이해가 부족하기 때문이다. SNS를 통해 상대방이 보낸 메시지를 보고 머리를 이리저리 굴려보면 그가 어떤 사람인지, 어떤 감정을 갖고 있는지 추측할 수 있다. 또는 상대방이 보낸 답장의 말투를 보고 그 사람의 이미지를 대충 상상해가며 이야기를 나눌 수 있다. 말투에 감정이 묻어나기 때문에 자신도 모르는 사이에 엉뚱한 생각을 하게 되는 경우도 종종 있다.

　나에게 상담을 받았던 한 여학생은 1년 가까이 학교 선배를 짝사랑하고 있었다. 막상 다가갈 용기가 없었던 그녀는 각종 SNS를 통해 그의 일거수일투족을 살펴봤다. 그는 어제는 누군가와의 연애를 암시하는 의미심장한 글을 올렸다가도 오늘은 심하게 다툰 것 같은 느낌의 글을 올리기도 했다. 그녀는 이런 자질구레한 글을 통해 그에게 무슨 일이 일어났는지 추측하고 이런 추측을 바탕으로 그와 연애하는 상상까지 하게 됐다. 선배는 알지 못했지만 그녀는 깊은 어둠 속에 갇히고 말았다. 그리고 그녀는 다시는 자신이 상상했던 세상에 들어갈 수 없었다.

　우리가 잘 몰라서 그렇지 이와 비슷한 사례는 비일비재하다. 당신이 누군가를 좋아하는 일은 잘못된 일이 아니다. 누군가를 몰래 지켜보는 일도 결코 잘못된 일은 아니다. 다만 잘못된 의사소통 방식을 취하면 안 된다는 사실을 말해주고 싶을 뿐이다. 물론 인터넷을 통해서도 누군가를 이해할 수 있지만 아주 정확하게 온전히 이해할 수 있다고 기대하기는 어렵다. 실제 세계, 즉 현실에서 서로 간의 대화와 사귐을 통

해서만이 그 사람이 어떤 사람인지 제대로 이해할 수 있다.

　우리는 기분이 나쁘면 이모티콘을 통해 현재 나의 감정 상태를 표현하곤 한다. 그렇다면 현실에서는 어떨까? 기분이 나쁜 상태를 결코 이모티콘으로 표현할 수 없다. 아무 말도 하지 않고 침묵으로 일관하는 사람도 있고 물건을 던지며 분노를 터뜨리거나 차가운 태도로 자신의 감정을 표현하는 사람도 있다. 그렇기 때문에 감정에도 조화가 필요하다.

　진실은 용기다. 잃는 것을 두려워하지 않는 용기다. SNS에 대한 사람들의 지나친 의존은 어느새 비현실적인 자아를 파생시켰다. 외모와 몸매, 성격, 행동, 습관 등 모든 면에서 상대방을 빠져들게 만들어 쉽게 헤어 나오지 못하게 했다. 물론 당장 SNS를 끊는 것은 불가능하다. 하지만 천천히 진정한 자아로 돌아가 화가 나든 기분이 좋든 최대한 현실적인 자신을 보여주는 것이 좋다. 이런 솔직한 자기표현은 자신이 어떤 사람인지, 일상적인 행동이 적절한지 인식하는 데 많은 도움이 될 것이다.

　가능하다면 문자 메시지보다는 통화를 하고, 통화보다는 직접 얼굴을 보는 것을 권한다. 휴대폰 너머로 사람을 만나는 것은 누군가를 제대로 만났다고 할 수도, 서로를 진정으로 이해할 수도 없다.

싱글의 삶도 중독이라는 사실을 알고 있는가?

올해 33세인 내 친구는 얼마 전 소개팅에서도 운명의 상대를 만나지 못했다. 좀 더 정확하게 말하자면 소개팅에 실패한 것이다. 상대방은 그녀를 마음에 들어했지만 그녀는 아직 싱글의 삶을 끝내고 싶지 않았다.

연애 경험이 없는 것도 아니었고 그녀의 매력과 능력이면 충분히 '솔로 탈출'을 하고도 남았다. 그러나 소개팅은 그저 부모님의 걱정을 덜어드리기 위함이었을 뿐, 평소 그녀가 자주 하는 말은 "남자친구가 왜 필요해? 혼자 지내는 것도 좋지 않아?"였다. 물론 겉으로는 남자친구를 사귀고 싶지 않다고 말하면서 속으로는 누군가 자신을 아끼고 사랑해주길 간절히 바라는 사람도 있을지 모른다. 하지만 내 친구는 정말 '솔로 탈출'을 원하지 않는다. 남자친구가 없는 그녀는 쉴 때는 휴대전화를 끄고 마음의 안정을 취하며 책을 보거나 그림을 그리는 등 하고 싶은 일을 하며 시간을 보낸다. 또 일이 바쁠 때에도 상대방의 기분이 나쁘지 않을까 눈치를 살필 필요도 없다.

SNS에 어떤 사람이 아주 흥미로운 질문을 하나 던졌다. '왜 요즘 남자들은 여자들에게 적극적인 구애를 하지 않는 걸까?' 싱글 라이프를 더 선호하는 요즘 사람들의 가치관과 사회적 현상을 여실히 보여주는 질문이었다. 다른 사람을 위해 희생할 준비가 안 돼서 싱글 라이프를 선택하는 사람도 있고, 과도한 업무 스트레스로 인해 다른 사람을 만날 여력이 안 되거나 이성 간의 복잡한 관계를 유연하게 다룰 자신이 없어서 혼자 있는 삶을 선택하는 사람도 있다. 근본적으로 사람들이 점점 더 자신의 진실한 감정을 중요시하고 있는 것이다.

예로부터 결혼은 단순히 사랑만을 의미하는 것이 아니라 다른 여러 의미까지 부여되면서 어느새 많은 사람에게 필수 불가결한 심리적 부담으로 자리 잡았다. 하지만 개인 중심의 문화가 유입되고 개인주의적 성향과 가치가 높아짐에 따라 결혼해서 반드시 가문의 대를 이어야 한다는 등의 전통적 가치는 더 이상 예전만큼 강한 영향력을 행사하지 못한다. 사회가 점차 현대화되고 도시화됨에 따라 도시문화에서 개인 중심의 색채가 점점 짙어지고 있다. 그리고 개인의 쾌락을 중요시하는 사람들의 비율은 특히 젊은 세대에서 점점 비중이 커지고 있다. 이는 자발적으로 싱글 라이프를 선택하는 사람들에게 특히 두드러지게 나타난다.

여성의 사회적 지위가 향상되면서 싱글 라이프를 선호하는 여성의 비율도 꾸준히 증가하고 있다. 여성이 사회에 진출하면서부터 결혼생활에서의 지위도 완전히 바뀌었다. 전통사회에서 결혼은 여성의 유일한 삶의 근원이자 삶의 방식 자체였으나, 지금은 전혀 다른 얘기다. 여성들도 이제 싱글 라이프를 즐길 자본과 자기 소득이 있기 때문에 '남자는 밖에서 돈을 벌고, 여자는 집안일을 한다'는 남성에게 의존하는 생활방식에서 양성평등의 생활방식으로 점차 변화됐다. 게다가 이러한 양성평등의 생활방식이 발전하면서 여성의 자기인식에도 지각변동이 일어났고 스스로 자립할 수 있다는 사실을 깨닫기 시작했다.

싱글 라이프를 선호하는 사람이 증가하는 또 다른 이유는 인간의 기대수명 연장에 따른 평생 배우자와의 관계적 갈등이다. 과거 인간의 평균 수명은 30~40세에 불과했기 때문에 배우자와 평생 관계를 유지하는 데 큰 어려움이 없었다. 그러나 오늘날 평균 수명이 70~80세까지 늘어나면서 배우자와의 관계에서 감정적 변화, 심리적 피로 등의 문제로 인한 갈등은 피할 수 없는 상황이다. 해마다 증가하는 이혼율 역시 아무리 금실 좋은 부부라도 감정적 변화가 일어날 가능성이 있음을 보여주며 고정된 혼인 관계는 점점 사람들의 감정과 욕망의 흐름에 족쇄로 작용하고 있음을 보여준다. 이혼으로 인한 물질적, 정신적 손실 또한 많은 사람에게 연애와 결혼에 대한 두려움을 갖게 한다.

싱글 라이프에 중독된 당신은 어떤가? 아직도 나만의 사랑이 오기를 고대하고 있는가?

사랑은 알아볼 수 없고, 말할 수 없고, 만질 수 없지만 사랑이 다가왔을 때는 분명히 느낄 수 있다. 그러니 조급해하지 말고 인내심을 갖고 기다리자. 당신도 반드시 누군가의 기적이 될 거라고 믿는다.

아직도 첫눈에 반하는
사랑을 믿는다면

많은 여성이 소설이나 드라마 속 남녀 주인공이 첫눈에 반해 사랑에 빠지는 모습에 설렐 것이다. 무심코 뒤돌아봤을 뿐인데 사랑에 빠지다니, 이런 일이 정말 가능하단 말인가!

만일 이런 일이 실제로 자신에게 일어난다면 어떨까? 대부분의 사람이 가장 먼저 보이는 반응은 상대방의 손을 다정하게 잡아주는 것이 아니라 이렇게 짧은 순간에 일어난 감정을 과연 믿을 수 있을지 의심부터 하는 것일 테다.

사랑 심리학에서는 처음 만난 사람에게 1시간 이내에 호감을 갖는 것을 첫눈에 반했다고 말한다. 그중에서도 '8분 법칙'은 훨씬 더 흥미로운데, 일반적으로 여성들은 8분이면 앞에 앉아 있는 낯선 남성과 자신이 인연이 있을지 없을지 판단할 수 있다고 한다. 아마 대부분의 사람이 처음 만난 사람과 몇 초 동안 세 문장 이하의 대화를 나눈 것만으로도 자신이 그 사람을 좋아하는지 아닌지 알거나, 그와 친구가 될수 있을지 판단되는 신기한 경험을 해봤을 것이다. 이것이바로 '신비로운 첫인상'이 주는 영향이다.

쉽게 말해서 첫인상은 누군가와 처음 만났을 때 마음에남는 인상, 이미지를 말한다. 첫인상을 좌우하는 요소는 옷차림이나 눈빛, 말투, 행동 등 아주 다양하다. 때때로 첫인상은 두 사람이 첫눈에 반하는 데 있어 중요한 역할을 하기도 한다. 첫눈에 반하는 사랑은 임의로 일어나는 것이 아니고, 외적인 요소로만 결정되는 것도 아니다. 상대방이 보내는 메시지에 당신이 충분히 끌리는지가 관건이다. 자신이찾던 배우자의 기준에 충족하면 '이 사람이 내가 찾던 그 사람이야!'라고 느껴질 것이다.

스위스 심리학자 카를 융(Carl Jung)은 모든 남자의 무의식속에는 아니마(Anima)라고 하는, 남성에게 내재된 여성성이존재한다고 주장했다. 이것은 특정한 형태가 없고 어떤 기질에 순응하는 집합체일 뿐이다. 그러나 남성이 자신을 설레게 하는 여성을 만났을 때, 그 순간 '바로 이 사람이야!'라고 느끼는 것은 그녀의 모습이 그 남성의 무의식 속에 있던 아니마와 정확하게 일치하기 때문이다. 대부분의 남성은 아니마의 일치도가 높은 여성에게 더 강하게 끌린다. 마찬가지로 여성의 무의식 속에 존재하는 것이 아니마가 아니라 잘생긴 아니무스(Animus)라는 점을 제외하면 남성과 다른 점은 없다.

현실에서 첫눈에 반해서 결혼에 골인하는 비율은 매우 높다. 첫눈에 반한 남녀의 55%가 결혼식을 올렸다. 오랫동안 좋은 결혼생활을 유지하는 경우는 70% 이상으로 확인됐다. 첫눈에 반한 부부의 이혼율은 남성이 원한 경우는 20%, 여성이 원한 경우는 10% 미만이다. 오랫동안 알고 지냈든 첫눈에 반했든 우리는 상대방과 타이밍이 맞았다는 느낌을 신경 써야 한다. 그 느낌이 맞는다면 그게 1초든 10년이든 상관없이 과감하게 연애를 시작해보는 것은 어떨까?

자신에게, 그리고 상대방에게 사랑하고 사랑받을 수 있는 기회를 주자. 당신의 긍정적인 눈빛 하나면 그는 주저 없이 당신에게 다가갈 것이다. 사랑에 다른 것은 필요 없다. 그저 서로에 대한 이해와 헌신만 필요할 뿐이다.

당신을 사로잡은 사람이
정말 내 사람일까?

두 사람의 감정을 서로 끌어당기는 데에는 성격이 가장 큰 비중을 차지한다. 물론 자신과 비슷한 성격의 사람을 좋아하는 사람도 있지만 대부분 자신과 전혀 다른 성격을 가진 사람에게 더 끌린다.

이는 심리학적으로 상보성의 원리로 해석할 수 있다. 즉 사람 사이에는 욕구나 기질, 성격, 능력, 특기 등 구체적인 내용에서 차이가 있는데, 이 차이로 인해 상호적 만족감이 생기면 두 사람은 서로에게 강력한 매력을 느끼게 된다.

연구 결과에 따르면, 어떤 단체든 성격이 비슷한 사람들로 구성되어 있으면 내부적으로 불협화음을 일으키기 쉽고 다툼과 충돌이 비교적 빈번하게 발생한다고 한다. 비슷한 성격의 사람들은 비슷한 욕구를 갖고 있기 때문에 동시에 어떤 사물에 대한 욕구가 생기면 자연스럽게 이해관계가 충돌할 수밖에 없다. 이는 안정감이 없는 두 사람이 상대방에게 안정감을 얻길 바라지만 정작 상대방도 안정감이 없고 어떻게 주는지도 모르기에 결국 갈등이 생기는 것과 같은 이치다.

심리학자들은 인간에게는 상호보완의 욕구가 강해서 일반적으로 자신에게 부족한 것에 대한 갈증을 갖고 있지만 자신이 가진 것에 대해서는 오히려 관심을 갖지 않는다고 말한다. 자신보다 나이가 훨씬 많은 사람을 찾는 사람들은 주로 어린 시절 부성애나 모성애의 결핍을 경험했기 때문에 성인이 된 후 배우자로부터 결핍된 부성애나 모성애를 충족받고 싶어 한다. 또 외모가 뛰어난 사람이 외모가 출중하진 않지만 능력이 있는 사람을 배우자로 선택하는 이유도 자신에게 부족한 점을 채울 수 있기 때문이다.

상호보완적인 사람은 일반적으로 삶의 두 가지 측면에서 이런 성향을 나타내는데, 하나는 욕구의 상호보완이고 다른 하나는 성격의 상호보완이다.

잉꼬부부로 소문난 C와 Y는 가장 전형적인 상호보완의 사례다. 한 사람은 가정환경의 영향으로 웃거나 말하는 것을 좋아하지 않고, 다른 한 사람은 자유롭고 개방적인 가정환경에서 자란 덕분에 걱정이 없고 활기차고 언제나 웃는 모습을 보여 준다. 그들은 정반대의 성격을 가졌지만 서로를 잘 보완하여 행복한 생활을 이어나가고 있다. C는 어린 시절의 경험과 성장 과정에서 느낀 수치심과 굴욕감으로 인해 항상 열등감으로 가득 차 있었다. 그에게 가장 필요한 것은 안정감이었고 Y는 이런 그의 욕구를 충족시켜 주었다. 그렇게 그들은 완전히 다른 성격을 가지고 있지만 여전히 서로를 아끼고 사랑하는 커플이다.

그렇다고 해서 당신의 연애 상대로 성격이 정반대인 사람을 찾아야 한다는 말은 아니다. 성격이 관계의 발전에 어느 정도 영향을 미치긴 하지만 그것이 유일한 조건은 아니다. 두 사람의 욕구가 충족될 때 비로소 사랑은 오래도록 지속될 수 있다. 성격이 비슷하든 정반대든 상관없이 잘 지낼 수 있는 방법을 찾는다면 두 사람의 관계를 유지하는 데 도움이 될 것이다.

두 사람이 서로의 닮은 점을 인식했을 때 서로에게 더 끌리기 쉽고 마치 친한 친구를 만난 것 같은 기쁨을 느낀다는 것은 결코 부인할 수 없는 사실이다. 무수히 많은 사회심리학 연구를 보면 서로 비슷한 점이 있는 사람에게 인간적으로 끌려서 서로를 받아들이고 좋아하기 쉽다고 한다. 다른 사람에게서 자신의 그림자, 즉 자신의 익숙한 모습을 발견하면 자신의 행동에 대해 강한 긍정과 확신을 갖게 되고 어느새 두 사람은 서로 가까워져 있을 것이다.

심리학자 융은 '유사성의 원칙'과 달리 '상보성의 원칙'이 사람들의 관계에 큰 영향을 미친다고 했다. 융은 모든 사람은 '우성'과 '열성'의 양면성을 갖고 있으며, 열성적 성향은 우리의 그림자 인격이라고 믿었다. 이를테면 내성적인 사람은 마음 한구석이 다른 사람과 교제하고 싶은 충동으로 가득 차 있을 것이다. 그러므로 자신과 같은 그림자 인격을 가진 사람을 마주하게 되면 그들은 들뜨고 흥분하여 서로에게 이끌리고 함께하게 된다.

한 심리학자가 친구에서 부부가 되는 과정을 연구하며 서로 다른 관계에서 상대방에게 끌리는 요소가 무엇인지를 밝혀냈다. 그 결과, 두 사람이 처음 만났을 때는 물리적 거리와 외모 등이 관계를 발전시키는 데 중요한 요소로 작용했으며, 친구가 되면서는 가치관의 유사성이 중요하게 작용했다.

관계가 발전해서 결혼 단계에 이르게 되면 두 사람의 성격이나 기질, 욕구를 상호보완하는 역할이 중요시된다. 따라서 연인 관계에서 가장 중요한 것은 가치관의 유사성이라고 할 수 있다. 가족애도 중요하고 우정도 쉽게 버릴 수 없는 것인데, 한 사람은 정이 많고 다른 사람은 자신의 이익만을 중시한다면 두 사람은 함께 있을 때 서로를 힘들게 할 수 있다. 사랑에 관해서도 한 사람은 평생 한 사람만 사랑해야 한다고 생각하고 다른 사람은 눈앞에 보이는 쾌락만 추구한다면 결과적으로 각자 다른 길을 걷게 된다. 쉽게 말하자면 당신이 중요하게 생각하는 것을 상대방도 중요하게 생각하고, 당신이 중요하게 생각하지 않는 것은 상대방도 그렇지 않게 생각할 때라야 가장 중요한 가치관의 유사성을 띠고 있다고 볼 수 있다.

나는 연애를 할 때 서로의 인생관과 가치관, 세계관을 중요하게 볼 필요가 있다고 이야기하고 싶다. 이 세 가지 관념이 비슷한 두 사람은 티격태격하더라도 금방 화해할 수 있지만, 전혀 다를 경우에는 앙금이 깊어져 결국 헤어지게 될지도 모른다. 사랑에 있어서는 서로 다른 성격을 보완해 가는 것이 좋지만 인생에 대한 가치관은 비슷해야 한다.

당신은 길가에 널린
싸구려 물건이 아니다

사랑을 기대하는 연령대에 있는 대부분의 여성은 늘 수많은 인파 속에서 틀림없이 나를 기다리는 한 사람이 있을 거라는 환상을 가지고 있어서 그 사람의 눈에 자신이 다른 사람과는 전혀 다른 존재로 보일 거라는 기대를 버리지 않는다. 하지만 현실의 좁은 인간관계에 머물러 있는 당신은 모처럼 마음에 드는 남자를 만나도 로맨스 소설 속 여주인공처럼 자체발광이 안 되기 때문에 그저 평범하게 그 남자를 바라볼 수밖에 없다.

사랑하는 사람을 지켜보는 과정에서 누군가 먼저 자신을 이해해주길 바라며 소극적인 태도로 일관한다면 언제나 제자리걸음만 할 뿐이다. 보다 적극적으로 나서서 남들과 다른 모습을 보여줄 필요가 있다. 그래야 누군가의 관심을 끌 수 있다. 그럼 어떻게 하면 상대방에게 특별한 존재로 보일 수 있을까? 아래 방법을 참고하면 도움이 될 수도 있다.

첫째, 진정성 있는 사람이 되자. 진정성을 갖고 자신을 바라보려는 사람은 다른 사람의 진심을 더 깊이 이해할 수 있다. 자신이 좋아하는 사람에게 좋은 모습만 보여주고 싶은 마음은 누구나 마찬가지다. 그렇다고 자신을 과대포장하라는 의미는 아니다. 만약 당신이 맛이 강한 중국 음식을 좋아하고 맨얼굴에 편안한 옷차림으로 외출하는 걸 좋아한다면 굳이 일부러 얌전한 척을 하거나, 고급스럽지만 적게 나오는 양식을 먹거나, 잘하지도 못하는 화장을 할 필요가 없다. 아마 그도 생활 속에서 자연스럽고 털털한 당신의 모습을 좋아할 것이다. 나에게 맞지 않는 옷을 입느라 자신을 너무 피곤하게 하지 않아도 된다. 상대방 앞에서 긴장을 풀고 당신의 진실한 모습을 보여주면 그도 긴장을 풀고 편안하게 자신을 내보일 것이다. 그도 밖에서는 멋진 양복에 고급스러운 구두를 신고 다니지만 집에서는 양말이나 옷을 아무렇게나 벗어 던지는 사람이거나 스트레스를 받으면 밤새도록 게임을 하는 사람일지도 모른다. 서로에게 진실해지면 이상하게 더 끌리고 더 편안한 관계를 유지할 수 있다.

둘째, 자신의 삶을 사랑하는 모습을 보여주자. 음식을 좋아하는 사람에게는 비교적 쉬운 일이다. SNS에 자신이 만든 음식이나 먹었던 음식을 올리면 된다. 맛있는 음식의 유혹을 이길 수 있는 사람은 그리 많지 않기 때문에 그는 당신이 만든 음식을 맛볼 수 있으면 좋겠다고 생각할지도 모른다. 아니면 당신이 갔던 식당에 가서 당신이 추천한 음식을 먹을 수도 있다. 이런 행동은 상대방을 간접적으로 이해하는 방식이다. 당신이 삶을 사랑하고 즐기는 모습을 보여준다면 그에게 아주 매력적으로 느껴질 것이다.

셋째, 시간 투자를 제대로 할 줄 알아야 한다. 사랑은 시간을 들이고 정성스럽게 보살펴야 한다. 어떤 여성은 자신의 능력을 향상시키는 데 대부분의 시간을 할애한다. 그녀는 자기관리를 확실하게 해서 멋진 여성이 되면 남성들이 저절로 자신을 알아볼 것이라고 믿는다. 물론 뭇 남성들이 그녀에게 관심을 가질 수 있지만 그녀가 원하는 사람은 기업의 CEO가 아니라, 그녀에게 딱 맞는 Mr. Right이라는 사실을 간과해서는 안 된다. 당신의 재능과 학식 정도면 그들은 흡족해할 것이고 당신의 배려심과 관심만으로도 그들의 마음을 충분히 사로잡을 수 있다. 좁은 울타리에 갇혀 지내는 시간이 많았다 보니 자신이 얼마나 아름다운 사람인지 미처 알지 못했을 뿐이다. 자신의 능력을 향상시키는 것뿐만 아니라 사회적 관계를 넓히고 이성과의 교제를 늘리는

데 시간을 할애하는 등 시간을 보다 합리적이고 계획적으로 사용해야 한다. 주말에 그와 약속을 잡아서 친구들과 함께 낚시도 하고 맛있는 음식을 먹으면 서로에 대한 이해와 호감을 쌓는 좋은 기회로 작용할 것이다.

넷째, 자신을 사랑하는 법을 배워라. 여성들은 종종 나를 찾아와 신세를 한탄하며 말한다. "내가 그 사람한테 얼마나 잘해줬는데요. 자존심이고 뭐고 다 버렸는데 어떻게 나를 제대로 봐주지도 않고 다른 여자한테 갈 수 있는지 모르겠어요!" 그럴 때마다 "당신조차 자신을 존중하지 않는데, 다른 사람이 어떻게 당신을 존중하겠어요. 사랑은 더더군다나 말이 안 되죠."라는 말이 목까지 차오르곤 한다. 여성이 한 남성의 존중을 받으려면 자신감과 자립심을 보여줘야 한다. '당신이 나를 좋아하지 않아도 나는 여전히 열심히 일하고 배워서 나 자신을 풍요롭게 하고 더 매력적인 사람으로 거듭날 수 있다'는 의지 말이다. 오늘 그가 당신에게 보였던 무관심을 내일 보란 듯이 후회하게 해주고 싶다면 가장 먼저 자신을 사랑하는 법을 배워야 하고, 더 나은 사람이 되어야 한다. 그러다 보면 당신을 진심으로 좋아하는 사람을 만나게 될 것이다.

나는 독신주의자가 아니라,
단지 짝을 못 만났을 뿐이다

오늘도 결혼하라는 부모님의 잔소리에 시달리고 있는가? 어제는 고모가 소개팅을 주선했다. "내 친구에게 아들이 하나 있는데, 너랑 동갑이야. 사람도 괜찮아 보이던데 한번 만나보면 어때?" 지난주에는 먼 친척 아주머니가 소개팅 얘기를 꺼냈다. "네 나이가 벌써 몇이야? 지금 안 만나면 시집 못 갈지도 모른다. 그나마 지금 돈이라도 벌 때 빨리 괜찮은 남자 찾아봐. 너무 고르지 말고."

오늘도 집에 가면 누가 당신의 결혼을 재촉할지 모른다. 그래서 싱글들은 점점 집에 가기가 두려워진다. 사실 싱글들은 아직 자신과 어울리는 사람을 찾지 못했다고 생각하기 때문에 그냥 한 귀로 듣고 흘려버린다. 그런데 부모님이나 친척들은 사람을 만나다 보면 정이 생기고 그러다 보면 결혼하는 것이라고 생각한다. 과거에는 충분히 가능한 일이었기에 지금 혼자 남아 있는 사람들을 보며 너무 까다롭게 고른다고 생각하는 것이다.

왜 아직 싱글이냐는 질문에 가수 자오레이(趙雷)의 노래 〈서른 살의 여인(三十岁的女人)〉 가사에서 완벽한 답을 찾을 수 있다. '넌 일하며 너무 오랫동안 바쁘기만 해서 그러는 사이에 벌써 서른 살이 되었지. 까다롭게 번갈아 가며 고르고 또 고르기만 하네.' 이 가사는 싱글들의 마음을 대변해준다. 일이 너무 바빠서 연애에 신경 쓸 겨를이 없는 사람도 있고, 과거에 겪었던 사랑의 상처 때문에 새로운 사랑을 두려워하는 사람도 있다. 누군가를 만나면서도 더 좋은 사람을 만날 거라는 기대에 새로운 사랑을 찾는 사람도 있다. 나는 SNS에서 많은 사람이 이 주제에 대해 열정적인 토론을 벌이는 것을 보았다. 아주 흥미로운 답변이 있어서 나눠볼까 한다.

아직 내 자신도 못 찾았는데, 어떻게 연애 상대를 찾겠어요?

싱글로 사는 삶은 하나도 무섭지 않아요. 지금 내 마음속에 좋아하는 사람이 한 명도 없다는 사실이 진짜 무서운 거죠.

사실 이 두 가지 답변은 '우리는 우리가 어떤 삶을 살고 싶은지, 어떤 사람과 함께 하고 싶은지 모른다'는 한 가지 문제로 귀결된다.

지금 옆에 있는 싱글 친구에게 대체 어떤 사람을 좋아하는지 물어보자. 많은 사람이 머릿속에 여러 가지 미래에 대한 생각을 갖고 있지만 정작 '어떤 사람을 원하는가?'에 대해서는 정확하게 대답하지 못한다. 그래서 항상 자신과 어울리고 잘 맞는 사람을 찾지 못한다고 생각한다. '연애란 사실 나를 사랑하는 것과 같다'는 말이 있다. 다른 사람을 사랑하거나 사랑을 찾는 데 있어서 가장 중요한 점은 바로 자신이 진정으로 원하는 것을 찾는 것이다. 당신이 원하는 삶의 모습과 연애를 할 때 중요하다고 생각하는 것이 무엇인지 정확하게 파악하고 나면 적합한 사람을 찾을 확률이 훨씬 높아진다.

싱글에서 벗어나고 싶다면 아래 몇 가지 조언을 참고해주기 바란다. 당신이 가능한 한 빨리 Mr. Right을 찾는 데 도움이 될 것이다.

첫째, 소개팅 기회를 거절하지 마라. 결혼 적령기가 되면 여기저기 주변에서 소개팅이 들어온다. 비록 소개팅이라는 방식을 싫어하더라도 이것이 이성을 가장 빨리 인식하는 방법 중 하나라는 사실은 결코 부인할 수 없기에 순순히 응하길 바란다. 사실 소개팅은 낯선 사람을 만나는 방법일 뿐이다. 또한 지인의 소개를 받은 사람이라면 이미 상대방에 대해 어느 정도 알고 있기 때문에 아무런 정보가 없는 것은 아니다. 이 경우 서로 알아갈 수 있다고 생각하면 만날 약속을 정하면 되고, 자신과 어울릴 것 같지 않다고 생각하면 깔끔하게 거절하면 된다. '소개팅'이라는 말을 듣자마자 덮어놓고 거절할 필요는 없다는 말이다.

둘째, 더 많은 사회적 활동에 참여하자. 대부분의 사람이 주중에 바쁘기 때문에 주말에는 습관적으로 '집'에 머물며 잠을 자거나 게임을 하거나 밀린 드라마를 보면서 원기회복을 한다. 그러니 어떻게 새로운 사람을 만날 수 있겠는가? 집에만 있으면서 나만의 Mr. Right을 만나길 기대할 수 있을까? 그래서 나는 싱글들에게 주말을 이용해서 동호회 활동을 해보길 권한다. 그러면 새로운 사람을 사귈 수 있고 그 사람의 성격이나 행동 등을 살펴보는 것도 수월하다. 예를 들어, 그 사람이 파티에서 조용히 구석에 혼자 앉아 있는 것을 좋아하는지, 아니면 파티의 분위기를 주도하는 것을 좋아하는지 등을 파악할 수 있다. 이런 것들은 모두 그 사람의 성격적 기질을 반영하는 동시에 서로 다른 이성을 알아감으로써 자신이 어떤 사람에게 끌리는지 자신의 욕구를 확인해볼 수 있는 기회가 된다.

　물론 연애 문제는 억지로 강요한다고 해서 되지 않는다. 자신 내면의 원하는 바를 따라야 한다. 다른 사람의 기대나 시선 때문에 마음에 들지 않는 상대를 선택할 필요는 없다. 그러면 결국 상처받는 건 당신 자신일 뿐이다.

2장

아무 말 하지 않아도
바람이 널 대신해서 고백해줄 거야

당신이 적극적인 육식녀든
수줍음 많은 초식녀든,
당신을 설레게 하는 사람과 함께 있고 싶다면
어느 정도 전략이 필요하다.
그래야 하루라도 빨리
솔로의 삶에서 벗어날 수 있다.

정말 오랫동안 함께 있으면
사랑이 생기는 걸까?

누군가 당신에게 "왜 아직도 싱글이세요?"라고 묻는다면 당신은 "아직 이렇다 할 감정을 느끼는 사람을 못 만났어요."라고 대답할 것이다. 그러면 상대방은 괜한 노파심에 충고라며 한마디 보탤 것이다. "감정은 오래 지내다 보면 다 생기기 마련이에요."

싱글이라면 누구나 한 번쯤 들어봤을 이야기다. 살다 보면 확실히 오랜 세월 동안 사랑을 키워온 성공 사례를 많이 접한다. 이유는 모르겠지만 예전부터 알아온 평범하기 짝이 없던 그저 친구로 지내온 남자가 갑자기 멋있어 보인다는 말도 한두 번은 들어봤을 것이다.

심리학에서는 이런 경우를 단순 노출 효과(Mere Exposure Effect)로 설명하는데, 말 그대로 자주 노출되어 익숙한 것에 대해 긍정적인 태도를 갖게 되는 현상을 말한다. 미국의 사회심리학자 로버트 자이언스(Robert Zajonc)는 몇몇 사람들의 사진을 무작위로 준비한 후 피실험자들에게 보여줬다. 어떤 사진은 한 번, 또 어떤 사진은 두 번, 그리고 다섯 번, 열 번, 스무 번 순으로 나눠서 보여줬다. 한 번도 보여 주지 않은 사진도 있었다. 그런 다음 피실험자들에게 사진 속 인물에 대한 호감도를 평가하도록 했다. 그 결과 피실험자들은 노출 빈도가 높았던 사람에게 더 높은 호감을 보였다.

또 다른 실험도 있다. 한 심리학자가 어느 대학의 여학생 기숙사에서 무작위로 여러 개의 방을 찾아가 각기 다른 맛의 음료수를 나눠 주었다. 그리고 이 기숙사의 학생들에게 시음을 하도록 했다. 단, 시음을 위해 여러 기숙사 방을 돌아다닐 수는 있지만 서로 대화는 하지 못하게 했다. 얼마 후 심리학자가 그들 사이의 친밀도와 호감도를 평가한 결과, 만난 횟수가 많을수록 호감도가 높았고, 만난 횟수가 적거나 없을수록 호감도는 낮았다.

위 두 가지 실험을 통해 싱글 라이프에서 벗어나 인간적

인 매력을 발산하는 노하우를 얻었는가? 상대방에게 당신의 노출 횟수를 늘리면 당신에 대한 호감도도 높일 수 있다. 따라서 다른 사람에게 좋은 이미지를 주고 싶다면 그들 앞에 자주 모습을 드러내라. 이것이 가장 간단하고 효과적인 방법이다. 헬스장에서 우연히 본 이성에게 처음에는 아무런 관심이 없을지 모르지만 두 번, 세 번, 자주 마주치다 보면 '인연인가?'라는 생각을 갖게 되고 무의식적으로 그에게 관심이 가며 마음이 움직이기 시작한다. 이것이 바로 단순 노출 효과가 가져오는 결과이다.

이런 단순 노출 효과도 주의해야 하는 부분이 있다. 단순 노출 효과로 좋은 결과를 이끌어내기 위해서는 '당신에 대한 그의 첫인상이 나쁘지 않았다'는 중요한 전제가 따라야 한다. 만약 첫인상이 그리 좋지 않아서 상대방이 당신에게 다시 연락해야 할 필요를 느끼지 못했다면 당신이 아무리 자주 그 앞에 나타나도 결과적으로 비호감이 돼버리는 역효과가 날 수 있다. 또 한 가지 주의해야 할 점은 '자주'의 횟수에도 한계가 있다는 것이다. '달도 차면 기운다'는 말이 있듯이 지나친 노출은 상대방의 짜증을 유발할 수도 있다.

그러므로 단순 노출 효과를 제대로 맛보려면 먼저 첫인상을 신경 써야 한다. 당신의 첫인상이 그런대로 괜찮았다고 느꼈다면 여러 채널을 통해 상대방에 대한 이해도를 높이고 우연의 기회를 적절하게 만들어서 상대방이 당신에게 매력을 느낄 수 있도록 하자. 그러면 순조로운 솔로 탈출을 이룰 수 있을 것이다.

반대하는 사랑에
더 끌리는 이유

사촌동생이 사귀는 남자가 너무 마음에 안 든다며 고모가 하소연을 늘어놓았다.

'그 남자'는 사촌동생과 대학원 동기로 동생에게 다정하고 나름 촉망받는 젊은이긴 하지만 외모와 가정환경이 고모의 기준에 한참 미치지 못했다. 게다가 두 사람은 장거리 연애 중이었다. 고모는 사촌동생이 그 사람과 결혼하면 고생할 게 불 보듯 뻔했기 때문에 하루라도 빨리 헤어지라고 잔소리를 했다. 그러나 그 남자에 대한 사촌동생의 마음은 너무 확고해서 두 사람은 하루가 멀다 하고 다투기 시작했다. 고모가 그 남자가 마음에 들지 않는다고 말할수록 사촌동생은 점점 더 그를 감쌌고, 결국 하던 일까지 그만두고 남자친구가 일하는 곳으로 거처를 옮겼다. 분노가 치밀어 오른 고모는 사촌동생에게 다시는 돌아오지 말라고 독설을 퍼부었다. 사촌동생의 SNS를 보면 약간의 죄책감도 느끼는 것 같지만 가족의 구속에서 벗어나 자신의 사랑을 찾아간 기쁨이 더 커 보였다.

어떻게 보면 지금까지 두 사람의 만남을 반대하던 고모가 사촌동생을 그 사람에게 가도록 부추긴 거나 다름없으니, 결과적으로 고모의 반대가 두 사람의 감정에 불을 지핀 꼴이다.

가슴 시리고 아름다운 러브스토리의 주인공, 로미오와 줄리엣은 서로 사랑하지만 대대로 이어지는 두 집안의 원한 때문에 가족들의 인정은커녕 집안의 온갖 방해를 받게 된다. 하지만 두 사람의 감정은 가족들의 방해와 간섭에도 결코 흔들리지 않고 더욱 깊어지며, 결국 두 사람은 죽음이라는 비극적인 결말을 맞이하게 된다. 비단 소설이나 영화에서뿐만 아니라, 우리가 사는 현실에서도 이와 비슷한 상황을 종종 볼 수 있다. 부모의 간섭은 두 사람의 감정을 약화시키는 것이 아니라 더욱 끈끈하고 절실하게 만든다. 부모의 간섭이 많고 반대가 심할수록 두 사람은 서로를 더 깊이 사랑하게 된다. 심리학에서는 이러한 현상을 '로미오와 줄리엣 효과'라고 부른다.

이런 현상은 왜 나타나는 것일까? 모든 사람은 독립적인 존재로 스스로 결정하고 다른 사람의 꼭두각시가 되지 않으려는 자주적인 욕구가 있다. 그래서 다른 사람이 자신의 선택을 대신하고 그 선택을 강요하면 자신의 주권이 위협받고 있다고 느껴서 거부감을 갖게 되는 동시에 자신이 포기해야 하는 것을 더 좋아하게 된다. 바로 이러한 심리적 메커니즘이 로미오와 줄리엣의 러브스토리를 세대에 걸쳐 반복적으로 나타나게 만드는 것이다.

사람들은 얻기 힘들고 어려운 것일수록 더 간절히 원하게 되고 더 강한 매력을 느낀다. 아마 대부분의 사람이 비슷한 경험을 해봤을 것이다. 사랑하는 사람을 포기해야 하는 외부 압력을 받으면 이러한 강제적인 선택에 대한 거부감으로 사람들은 연인에게 더 많이 의지하고 더 많이 사랑하게 된다. 이런 심리적인 효과는 오히려 강제로 갈라놓으려는 두 사람의 관계를 더욱 돈독하게 만들 뿐이다.

혹시 당신도 비슷한 경험을 했다면 '로미오와 줄리엣 효과'를 참고하면 좋을 것 같다. 현재 사랑에 빠진 남녀는 서로의 관계를 보다 이성적으로 바라볼 수 없다. 자유로운 연애라면 더할 나위 없이 좋겠지만 부모의 반대도 나름대로 이유가 있으니, '반항', '거부', '자존심' 등 무조건 대립적인 각을 세우기보다는 부모님과 차분하게 소통하는 것이 훨씬 생산적이다. '로미오와 줄리엣 효과'처럼 외부의 저항과 방해가 거셀수록 서로 사랑하는 마음이 커진다는 오류를 이성적으로 생각해볼 필요가 있다. 뜨겁게 사랑하는 두 사람의 눈에는 자신들의 사랑이 강렬하고 감동적이겠지만 의외로 이렇게 이루어진 많은 커플이 행복한 결말을 맺지 못한다.

외부의 반대 때문에 급격히 뜨거워진 사랑이 현실의 벽을 넘지 못하는 경우가 종종 있다. 일단 두 사람이 감정적인 갈등을 겪게 되면 사랑에도 금방 금이 가기 쉽다.

나는 '사랑이라는 것이 어디에서 오는지 모르지만 한 번 오면 깊어진다'는 말처럼 사랑이란 신기한 느낌인 동시에 두 사람이 서로 진지하게 마주해야 하는 삶의 선택이라고 생각한다. 그러므로 사랑에 빠졌을 때는 다른 사람의 의견도 귀담아듣길 바란다. 어쩌면 사랑에 대해 더 신중하고 객관적인 이해가 쌓일지도 모른다.

'사랑보다 먼,
우정보다는 가까운 사이'에 빠지다

'사랑보다는 멀고 우정보다는 가깝다'는 느낌은 무엇일까?

쉽게 말해서 친구라고 하기에는 1점이 많고, 연인이라고 하기에는 1점이 부족한 느낌이랄까. 두 사람이 서로 잘 알고 비밀까지 나눈 사이지만 연인이라고 하기에는 어딘지 모르게 어색하다. 당신에게도 좋은 관계를 유지하고 있는 이성 친구가 있을지도 모른다. 서로 숨기는 것도 없고 하지 못 할 말도 없다. 그는 당신에게서 안정감을 느끼고 당신도 그를 많이 의지하고 있다. 그러나 그에 대한 당신의 감정이 단순한 좋은 친구를 넘어 그 이상인 것을 알게 되었지만 정작 그에게서는 별다른 감정의 변화를 읽을 수가 없다. 상대방보다 먼저 마음이 움직였다는 허탈함에 많은 사람이 '그만두고 싶어도 그만두지 못한다'.

몇 년 전 인기리에 방영됐던 대만 드라마 〈연애의 조건〉은 고등학교 시절부터 친한 친구이자 라이벌 관계를 유지해온 두 사람이 누가 먼저 결혼을 할지 내기하게 되면서 우정이 차츰 사랑으로 변하는 과정을 그리고 있다. 여기서 남자 주인공은 여자주인공을 좋아하게 되지만 좋은 친구 관계를 유지하기 위해 진짜 마음을 숨긴다. 두 사람은 앞서거니 뒤서거니 너무 많은 일을 겪게 되지만 결국 마지막에는 함께하게 된다. 그러나 현실에서는 과연 얼마나 많은 사람이 두 사람처럼 완벽하고 아름다운 결말을 맺을 수 있을까?

이에 대해 조금 더 대중적인 해석이 있는데, 우정보다 가깝다는 것은 요즘 흔히 말하는 남녀 간 썸을 타는 애매한 관계를 의미하고 사랑보다 멀다는 것은 내 사람이라고 하기에는 약간 부족한 보험용 애인 같은 느낌을 준다는 것이다.

진화심리학의 관점에서 남녀의 우정은 끌림에서 비롯된다. 이것이 '남녀 사이에 우정이란 결코 있을 수 없다'는 말에 대다수가 공감하는 이유다.

누구나 좋아하는 사람과 더 깊은 관계를 맺고 싶어 하지만 '사랑보다는 멀고 우정보다는 가까운 사이'에 있다면 어떻게 해야 할까? 여기서 나는 몇 가지 조언을 해주고 싶다.

상대방에게 비치는 당신의 고정된 이미지를 바꾸도록 한다. 예전처럼 자신의 거짓된 모습을 변호하기 위해 조심하지 말고 솔직하게 있는 그대로 자신을 표현해보자. 두 사람의 관계가 이미 우정 이상으로 발전했음에도 연인 사이까지 이어지지 못하는 이유는 여러 부분에서 상대방을 친구의 영역으로 분리해 두었기 때문이다. 그에게 당신이 친구로서는 가깝고 익숙하지만 이성으로서 설렘이나 끌림이 점점 흐려진다면 이 감정은 더 이상 발전하기 힘들다. 이런 상황을 바꾸기 위해서는 '변신'이 가장 중요하다. 상대방에게 다른 느낌을 줘서 익숙함에서 신비로움으로 탈바꿈하여 전혀 다른 모습의 당신과 마주하게 하는 것이다. 그러면 그가 당신을 다시 보게 되고 단순한 친구가 아닌 이성으로 당신을 대할 수 있다.

상대방에게 당신이 얼마나 소중한 존재인지 깨닫게 한다. 지금까지 두 사람의 관계에서 상대방에게 보여준 이미지가 대부분 상냥함이나 온화함, 부드러움 등이었다면 아직 갈 길이 멀다. 이것들은 좋은 친구에게 붙이는 해시태그(#)에 불과하다. 그 사람에 대한 당신의 감정을 확인했다면 일정 거리를 유지한 채 애매한 태도를 보이는 것이 좋다. 사소한 일에 서두르거나 반응을 보이지 말고 상대방과 당신이 얼마나 깊은 관계를 맺고 있는지 이해하고 이 관계를 재조명해

보는 것이다.

미묘한 스킨십은 연인관계로 발전하는 데 촉진제 역할을 한다. 지금 두 사람에게는 장난으로라도 머리를 쓰다듬거나 무심결에 서로의 손이 닿는 등 미세한 스킨십이 필요하다. 이런 스킨십은 두 사람 사이에 흐르는 기류를 바꿔 친구 사이와는 다른 감정을 유발할 수 있다.

이 세 가지 방법은 상대방에게 당신의 차별성을 깨닫게 하고 두 사람 사이에 존재하는 고정 이미지에서 벗어나기 위한 것이다. 그러면 원래 존재하고 있었지만 숨겨두었던 사랑이 수줍게 싹을 낼 수도 있다.

얼굴이 빨개지고
심장이 뛴다고?

흔히 '첫눈에 반한다'는 말을 많이 하지만 한편에서는 '금사빠(상대방의 외모만 보고 금방 사랑에 빠진다)'라고 말하는 사람들도 적지 않다. 비주얼이 뛰어난 사람은 상대방의 심장을 뛰게 해서 순식간에 사랑에 빠지게 한다.

그러나 나는 단지 외모가 '첫눈에 반하는' 조건의 전부라고 생각하지 않는다. 심리학에서는 '흔들다리 효과(Suspension Bridge Effect)'를 통해 사람들이 첫눈에 반하는 현상을 새로운 관점에서 설명하고 있다.

흔들다리 효과는 흔들다리 위에서 만난 이성에 대한 호감도가 안정된 다리 위에서 만났을 때보다 더 높아진다는 이론을 말한다.

감정은 분위기에 따라 나타나는 행동에 영향을 받는다. 흔들다리 위는 우리가 심리적으로 불안한 상황이나 공포를 느끼는 상황을 의미한다. 이런 상황에서 나타나는, 심장이 급격하게 빨리 뛰는 등의 신체적인 변화를 우리는 상대방에 대한 감정으로 착각하기 쉽다. 더 나아가 사랑이라는 감정을 갖게 되기도 한다. 따라서 남녀가 함께 자극적인 이벤트에 참여하면 서로의 감정을 끌어올리는 데 효과적이다. 예를 들어, 놀이공원에서 롤러코스터를 탄다든지 유령의 집에 들어간다든지, 또 공포영화를 함께 보는 것도 서로의 거리를 좁히는 데 많은 도움이 된다.

이와 관련된 실험이 있다. 피실험자 남성들을 3개의 그룹으로 나눈 후 각각 조용한 공원과 심하게 흔들리는 구름다리, 삼나무로 만든 단단한 다리에서 동일하게 실험을 진행했다. 실험 장소만 다를 뿐 실험 내용과 방법은 거의 일치했다. 실험을 마친 후 여성이 실험에 참여한 남성들에게 자신의 이름과 전화번호를 알려주며 실험에 대해 더 알고 싶으면 전화해도 좋다고 알려줬다. 그 결과, 매우 흥미롭게도 조용한 공원과 단단한 다리에서 실험에 참여한 두 그룹에 비해 흔들다리에서 실험에 참여한 남성들이 여성에게 전화를 많이 걸었다.

흔들다리라는 외부 환경에 의해 남성들의 심장 박동은 빨라지고 숨이 차오르며 얼굴이 붉어지는 등의 모습을 보였다. 이는 위험에 처했을 때 나타나는 지극히 정상적인 모습이지만 첫눈에 반한 사람에게 나타나는 주요 증상이기도 하다. 그리고 이들은 이런 생리적 반응을 스스로에게 설명할 때, 외부 환경 때문에 무서웠다기보다는 여성에게 관심을 갖게 됐다는 쪽에 무게가 실리는 것이다.

이 실험에서 알 수 있듯이 때로 사랑은 잘못된 원인에서 비롯될 수도 있다. 위험은 사람의 마음을 흔들리게 한다. 이것이 영웅이 미인을 구한 후에 결국 미인을 차지하게 되는 주된 이유가 아닐까 싶다.

환심을 사고 싶은 상대가 있다면 한적한 야외나 클래식 음악회처럼 조용한 장소를 선택하는 대신 놀이공원이나 락 콘서트장처럼 스릴 넘치는 장소를 선택하는 것이 훨씬 효과적이다. 그래야 상대방의 심장 박동수가 높아져 당신에게 매력을 느낄 수 있다.

은은한 촛불이
더 뜨거운 이유

한창 사랑이 무르익어가는 연인들에게 촛불 만찬은 로맨틱한 데이트를 위해 없어서는 안 될 필수 코스라고 할 수 있다. 흔들리는 촛불이 따뜻한 노란빛으로 사랑하는 사람의 얼굴을 비추고 그 사람 외에 다른 것들은 어둠으로 차단되어 있는데, 어떻게 황홀하지 않을 수 있을까?

사실 낭만적인 촛불 만찬에도 신기한 심리학적 이론이 숨어있다. 많은 심리학 실험을 통해서 빛이 사람의 감정과 행동에 영향을 준다는 사실이 밝혀졌다. 캐나다 토론토 대학과 미국의 노스웨스턴 대학의 과학자들은 피실험자들을 임의로 두 그룹으로 나누어 한 그룹은 불빛이 강한 방에, 또다른 그룹은 불빛이 어두운 방에 들어가게 한 후 실험을 진행했다. 첫 번째 실험에서는 두 그룹의 피실험자 모두에게 가상의 광고를 시청하도록 했는데, 광고 속 주인공은 지각을 해서 공격적인 행동을 보였다. 그 결과 불빛이 강한 방에 있는 사람들 대부분은 광고 속 주인공이 공격적이라고 생각했다. 두 번째 실험에서 과학자들은 두 그룹의 피실험자에게 긍정적인 단어와 부정적인 단어, 중립적인 단어 등 일련의 어휘가 표현하는 감정을 분류하도록 했다. 그 결과 불빛이 강한 방에 있던 사람들은 '꽃'이나 '미소' 같은 어휘가 더 긍정적이고 '치과의사'나 '의학' 같은 어휘는 부정적이라고 생각했다. 두 그룹의 중립적인 단어에 대한 평가는 크게 차이가 없었다.

연구진은 두 그룹의 피실험자들이 어휘에 대한 인식에 차이를 보인 이유는 불빛 아래에 있다 보니 열감지력이 더욱 예민해졌기 때문이라고 생각했다. 심리학자들은 빛이 너무 밝으면 상대방의 '공격성'을 더 쉽게 알아차리고 증폭시킬 수 있으며 감정적 언어에 대한 사람들의 반응도 훨씬 예민해진다고 생각했다. 불빛이 어두운 곳에서는 서로의 표정을 잘 볼 수 없기 때문에 경계심이 적고, 밝은 곳보다 친해질 가능성이 훨씬 높아진다.

정상적인 상황에서 대부분의 사람은 상대방과 외부 요인에 따라 자신의 속마음을 얼마만큼 꺼내 놓을지 결정한다.

특히 아직 잘 모르지만 계속 알아가고 싶은 사람에게 경계심은 유지하되 자연스럽게 자신의 장점은 드러내고 약점과 단점은 최대한 숨긴다. 그러다 보니 서로 소통이 잘 안 되는 느낌을 받는 게 당연하다. 그러나 불빛이 희미하고 어두컴컴해지면 감각을 약화시키고 무의식중에 자신을 보호하고 긴장하고 있던 신경이 이완되면서 자연스럽게 마음이 열려 자신을 드러내기가 더 쉬워진다. 더욱이 감각이 약해지면 연약해지고 예민해져서 어둠 속에서 상대방에게 기대 안정감을 찾으려는 경향이 생긴다.

이런 어둠의 효과는 일반적이고 평범한 장소보다 조명이 어두운 술집이나 클럽에서 낯선 사람들이 쉽게 친해지고 심지어 연애의 감정을 갖게 되는 이유를 설명해 준다. 사람들은 어둠 속에서 더 쉽게 경계심을 풀고 방어적인 태도가 사라진다. 미국의 소비심리학 저널에 발표된 새로운 연구에 따르면 인간의 감정적 반응은 강한 불빛 아래에서 더 강렬해지고, 어두운 곳에서는 더 온화해진다고 한다. 부부가 대화하기 전에 조명을 어둡게 하면 싸울 확률은 현저히 줄어들 것이다.

데이트의 필수 코스에 '영화'가 포함되는 것도 같은 맥락이다. 위에서 설명한 어둠의 효과에 따르면, 어두운 장소에

서는 서로가 상대방의 표정을 명확하게 볼 수 없기 때문에 서로에 대한 경계심이 사라지고 안정감이 생기기 쉽다. 그러면 서로 가까워질 가능성이 당연히 커진다.

어두운 밤은 우리에게 위장된 공간을 제공해주어 더 큰 안정감을 느끼게 해주는데, 이때 긴장이 풀리고 압박감이 낮기 때문에 더 자유롭고 즐거운 소통이 가능하다.

때로는 진심보다
약간의 전략이 필요하다

'왜 내 주변 사람들은 남자친구가 생기는데, 난 아직도 혼자일까?' 많은 여성이 자신의 조건이 그리 나쁜 편도 아닌데 왜 남자친구가 없는지 의문을 품고 있을 것이다. 여기에 대한 나의 대답은 이것이다. '당신과 썸남 사이에 어느 정도의 전략이 필요하다.'

당신이 적극적인 육식녀든 수줍음이 많은 초식녀든, 그것은 중요하지 않다. 당신을 설레게 하는 남성과 함께 있고 싶다면 몇 가지 전략을 써서라도 하루빨리 지긋지긋한 싱글의 삶에서 벗어나야 한다. 그러니 제발 이런 전략을 써도되는 건지에 대한 고민은 버리길 바란다. 상대방을 정말 좋아한다면 그에게 행복을 줄 수 있다고 믿어야 한다. 그러면 여기서 말하는 전략은 당신의 사랑에 필요한 촉매제일 뿐이다.

당신과 썸남이 일정 기간 동안 서로 알고 지내며 우정의 단계까지 도달했다면 다음 단계로 들어갈 수 있다. '그와 약속을 잡아라'. 물론 상대방이 먼저 당신과 약속을 잡는다면 그도 당신에게 호감을 갖고 있다고 볼 수 있다. 그러면 더욱 자연스럽게 다음 단계로 진행이 가능하다.

썸남에게 나오라고 할 때는 반드시 애매모호하게 말해야 한다. "오늘 같이 저녁 먹자."처럼 직설적으로 말하는 것은 되도록 삼가야 한다. 예를 들어, 이제 완연한 봄이 돼서 벚꽃이 만발했다면 그에게 이렇게 말해보자. "벚꽃 축제를 하는데, 벚꽃이 진짜 예쁘대. 나도 한번 보고 싶다. 두 사람이 가면 할인해 주는 데도 있다던데, 한번 가볼래?" 애매하게 데이트 신청을 하고 있지만 아주 자연스러워 보인다. 시간도 정확하지 않고 목적도 뚜렷하지 않아서 상대방이 크게 부담스러워하지 않고 성공할 확률도 높은 편이다. 그리고 실패하더라도 웃으면서 넘어가기 쉽고 분위기도 어색해지지 않는다. 만약 상대방이 좋다고 하면 일정 시간이 지난 후 "저번에 가기로 한 벚꽃 축제, 내일 시간 괜찮아?"라고 물으며 정확한 시간과 장소를 정하도록 한다. 이런 경우 보통 성공적인 데이트로 이어진다.

　심리학적으로 보면 모든 사람은 무의식적으로 일관성을 유지하려고 노력하며 말과 행동이 다르거나 신뢰할 수 없는 사람이 되지 않기 위해 웬만하면 거절하지 않는다. 그러니 그가 당신의 요청을 거절했다면 그가 당신에게 아무런 감정을 느끼지 못하는 것이라고 말할 수 있다.

　상대방을 성공적으로 유혹하고 싶다면 성적 긴장감을 유발해야 한다. 이와 관련하여 몇 가지 제안을 해보려고 한다.

　첫째, 세상에 못생긴 여자는 없고 게으른 여자만 있다. 내 주변의 이성친구들과 이야기를 나누다가 남성들은 모두 예쁜 여성을 좋아하고, 못생겨도 화장을 해서 예뻐지면 상관없다고 생각한다는 사실을 알게 됐다. 그러니 여성들은 외모와 몸매 관리를 잘하고, 좋은 화장품을 사용하고 몸에 좋은 것을 먹으며 운동도 꾸준히 해야 한다. 단지 이성에게 잘 보이기 위해서가 아니라 스스로를 가꾸고 보호하기 위해서다.

　둘째, 내면의 아름다움이 돋보이도록 독서를 많이 하고 여행도 많이 다니며 항상 친절하고 부드러운 마음을 유지하도록 한다. 당신은 뛰어난 미인은 아니더라도 이 복잡한 사회에서 우아한 자태로 살아남아야 한다. 광활하고 장엄한 세상을 보면서 세계관을 확장시키고 비전을 넓혀야 한다.

또 책에 담긴 인간의 감정을 이해하면서 마음을 맑게 해야한다.

셋째, 자신감 있는 여성은 매력적이다. 이성과 대화를 나눌 때마다 항상 긴장을 하거나 두려워하는 여성들이 있다. 자신을 좋아한다는 사실을 상대방이 모르면 이것은 분명히 불리하게 적용되고 그가 당신을 깊이 이해하는 것을 방해할 것이다. 따라서 자신감이 없는 감정을 극복하는 것을 과소평가해서는 안 된다.

'성(性)'이라는 단어를 부끄러워할 필요는 없다. 사회학 분야에서 성은 인간의 삶에 없어서는 안 될 중요한 부분이다. 한때 유행했던 말이 있다. '남성이 당신과 자고 싶어 한다면 그는 결코 당신을 사랑하지 않는 것이다. 하지만 당신과 전혀 자고 싶어 하지 않는다면 이 또한 당신을 사랑하지 않는 것이다.' 이른바 성적 긴장감을 높이는 것은 여성스러움을 더하는 것이다. 입장을 바꿔 생각해보면 당신도 남자다운 매력을 가진 사람에게 더 끌리지 않는가. 그렇기 때문에 당신의 매력을 높이는 것은 매우 중요하다. 이런 개념을 바르게 잡아야 자신의 매력을 진정으로 향상시킬 수 있다.

첫 번째 데이트,
모든 면에서 매력을 발산해라

이제 막 연애를 시작한 모든 커플에게 첫 데이트는 설레고 긴장되는 일이다. 이런 긴장은 당신이 고상하고 품위 있게 행동하기 위해 무엇을 해야 할지 모르기 때문일 수도 있다.

데이트에도 몇 가지 노하우가 필요하다. 이 몇 가지 방법만 터득하면 그에게 나쁜 인상을 남길까 염려할 필요는 전혀 없을 것이다.

첫째, 항상 미소를 유지한다. 미소는 좋은 첫인상을 만드는 데 도움이 될 뿐만 아니라 사회활동에 있어 최고의 도구이기도 하다. 남성과 이야기를 나누거나 밥을 먹을 때 최대한 웃는 모습을 보이도록 하자. 그러면 상대방은 친절함과 여유를 느낄 것이다. 대부분의 남성은 자신을 편안하게 해 주는 사람에게 호감을 쉽게 갖는다. 사람들은 외적 이미지를 내적 이미지에 투영하는 경향이 있다. 따라서 겉으로 보기에 친절해 보이는 사람이라면 대부분 이런 모습이 성격에서 나온다고 생각할 것이다. 억지로 꾸며내는 웃음이 아니라 정말 자주 웃으면 성격도 그렇게 변해간다는 사실을 깨닫게 될 것이다.

둘째, '남좌여우(男左女右)'는 친밀감을 높인다. 나란히 길을 걷거나 앉을 때 남성들은 여성이 자신의 오른쪽에 있으면 훨씬 편안함을 느낀다. 더욱이 대다수 남성은 '오른손잡이'이기 때문에 오른쪽에 여성을 두는 것이 훨씬 안정적이다. 또 우리 대부분이 습관적으로 오른쪽을 먼저 인지하는 성향이 있어서 남성이 왼쪽에 있고 여성이 오른쪽에 있으면 남성의 시야에서 여성이 벗어날 일이 없다. 그러면 여성도 안정감을 느끼고 안정감과 호감은 상호 전환이 가능하기 때문에 둘 사이의 관계를 향상시키는 데에도 어느 정도 효과가 있다.

셋째, 적당히 사양할 줄 알아야 한다. 대부분의 사람들은 남성이 데이트 비용을 부담하는 것이 기본 매너라는 전통적인 생각을 가지고 있다. 그러나 연애 내내 '남자가 데이트 비용을 부담하는 것은 당연한 일이야'라는 태도를 일관한다면 남성들에게 인기를 얻지 못할 것이다. 남성이 먼저 비용을 내는 것은 신사적인 표현이지만 이런 점을 악용하는 것은 좋지 않다. 데이트 비용을 부담할 능력만 있다면 여성도 가끔은 비용을 부담하는 것이 좋다. 그러면 자신을 수동적인 위치에서 이끌어내 상대와 어느 정도 대등하고 자연스러운 관계를 유지할 수 있다.

넷째, 상대를 칭찬한다. 많은 남성이 일상생활에서 칭찬을 받는 경우가 별로 없기 때문에 칭찬받는 것을 좋아하고 또 간절히 바란다. 특히 여성의 칭찬에 약해서 칭찬을 들으면 대부분의 남성이 흥분을 주체하지 못하는 경우도 많다. 그래서 데이트를 할 때는 상대방의 행동을 주의 깊게 관찰하고 그의 장점을 발견하면 기회를 놓치지 말고 칭찬해주어야 한다. 그러면 남성들은 당신을 세심하고 이해심이 많은 여성이라고 생각하고 좋은 결과를 얻을 수 있을 것이다.

며칠 만난 걸로
고백은 무리다

'저는 올해 22살인데 몇 달 전 대학교 동기에게 고백을 받았습니다. 그런데 사실 저는 그 친구를 잘 몰라요. 저희는 SNS로만 몇 번 대화한 게 다인데, 갑자기 그 친구가 절 좋아한다고 고백했어요. 그때는 어떻게 대답하면 좋을지 몰라서 그냥 친구 목록에서 삭제했는데, 나중에 생각해보니 참 괜찮은 친구였던 것 같아서 다시 친구 추가를 했어요. 그런데 지금은 그냥 차갑지도 않고 뜨겁지도 않은 뜨뜻미지근한 관계예요. 이제 어쩌면 좋죠?'

내가 받았던 연애와 고백에 관련된 질문이다.

짧은 시간에 이루어진 만남과 고백, 거절 그리고 고민은 그녀가 상대방에게 특별한 감정을 가진 것도 아닌데 마치

'운명의 상대'를 만난 것처럼 느끼게 한다. 이런 경우는 생각보다 흔하고 대부분 역할 놀이를 여성 혼자 하는 경우가 많다.

그럼 여기서 단기간에 고백을 받았을 때 어떤 문제에 대해 생각해야 할지 함께 알아보도록 하자.

고백을 받고 나면 순간적으로 어리둥절해지는데, 이는 첫사랑에 대한 설렘 때문일 수도 있고, 항상 의례적으로 하는 행동이라는 생각에 미리 피하려고 하는 것일 수도 있다. 그러나 어쨌든 친구 목록에서 삭제하는 방법은 의심할 여지없이 몇 분 안에 관계를 끝내고 결국 평범한 친구로도 돌아갈 수 없다는 것을 의미한다. 게다가 다시 관계를 되돌리고 싶을 때 누가 주인공이 되고 조연이 될지 알 수 있을까?

차라리 먼저 그가 어떤 사람인지 포괄적으로 이해해보는 것이 좋다. 그가 당신을 좋아한다는 것은 당신이 우위를 선점했다는 말이다. 그에 대해 궁금한 점이 있다면 두 사람이 계속해서 만나고 소통하면서 해결할 수 있다. 상대방이 좋든 싫든 단순히 목록에서 삭제하고 다시 추가하는 수준에서 벗어나 충분히 서로를 이해한 후 이루어져야 한다.

그러므로 고백하기 전에 남성이든 여성이든 충분한 준비의 시간을 갖는 것이 좋다. 자신뿐만 아니라 상대방을 위해 완충과 이해의 여지를 남겨두어야 한다. 그래야 고백에 성공할 확률이 높아진다.

기본적으로 자주 연락하다 보면 서로에 대한 이해가 쌓이게 되는데, 이런 사이가 되기 위해서는 최소 반년에서 1년 정도의 시간이 필요하다. 초기에는 서로의 장점을 발견해가고, 차츰 서로의 단점을 발견하는 것이 두 사람의 관계 발전의 핵심이라고 할 수 있다. 서로 포용할 수 있는가? 상대방의 단점을 바꾸기 원하는가? 상대방의 단점을 개선하도록 유도하고 하나가 될 수 있을까? 이런저런 부분을 살펴보면서 시간이 어느 정도 흘렀을 때 천천히 상대방에게 고백하면 된다.

이때 고백하면 여성은 더 이상 당황하지 않고 낯선 사람이라는 생각에 급하게 거절하지도 않을 것이다. 또 남성도 여성의 어느 특정한 매력 때문에 충동적으로 고백하지 않고 심사숙고해서 결정할 수 있다. 이렇게 해야 고백 자체도 안정적이고 성공할 확률도 높아진다.

3장

달콤한 사랑의 거짓말,
달이 정말 그의 마음을 알려줄까?

똑똑한 여성은
자신이 세상의 모든 일에
통찰력을 가질 수
없다는 것을 알기 때문에
모든 일을 명확하게
알려고 하지 않는다.

그가 나를 정말로 사랑하는지
어떻게 알 수 있을까?

이 세상에서 가장 아름다운 일은 사랑하고 사랑받는 것이다. 그럼 그가 당신을 정말 사랑하는지 어떻게 알 수 있을까? 이 문제와 관련하여 많은 사람은 두 사람이 교제하는 세부적인 상황을 봐야 판단할 수 있다고 말할 것이다. 만약 그가 정말 당신을 사랑한다면 그는 당신이 평소에 무엇을 즐겨 먹고 어떤 드라마를 좋아하는지, 쇼핑할 때 당신이 즐겨 보는 물건이 무엇인지 잘 알고 있을 것이다. 그리고 엘리베이터를 타면 당신의 손을 꼭 잡거나 화가 났을 때라도 당신이 납득할 수 없는 말을 함부로 하지 않을 것이다. 일상에서 일어나는 이런 세심한 행동들은 상대방에게 진한 감동을 주며, 자신이 사랑받거나 사랑받지 못한다는 사실을 실감

할 수 있게 한다. 그런데 과연 이렇게 판단하는 것이 가능할까?

사실 상대방이 자신을 진정으로 사랑하는지 아닌지 이해하려면 감정에만 의존하는 것으로는 충분하지 않다. 사랑이 무엇인지 먼저 명확하게 알아야 한다.

미국의 심리학자 로버트 스턴버그(Robert J. Sternberg)는 삼각형을 이용하여 유명한 '사랑의 삼각형 이론(Triangular theory of love)'을 주장한 바 있다. 그의 이론에 따르면 사랑은 3가지 요소, 친밀함과 열정, 헌신으로 구성되어 있는데 친밀함은 진정성과 이해, 열정은 사랑의 욕구이고, 마지막으로 헌신은 관계를 유지하려는 노력이다. 여기서 강조하고 싶은 것은 이 3가지 요소가 모두 갖춰져야 사랑이라고 할 수 있는 것이 아니라 오히려 실제 생활에서 겪는 많은 감정에 아쉬운 부분이 많다는 점이다.

삼각형이 2차원 도형 중 가장 안정적이라고 알고 있는데, 사실 사랑도 그렇다. 로버트 스턴버그는 견고한 사랑을 삼각형에 빗대어 묘사했는데, 삼각형의 세 개의 꼭짓점 같은 친밀함, 열정, 헌신은 사랑을 이루는 기초가 되기 때문에 이중 어느 하나라도 없어서는 안 된다고 했다.

가장 우선해야 하는 것은 '친밀함'이다. 친밀함은 여러 가지 의미를 담고 있는데, 사랑하는 관계에서 나타나는 친밀함은 다양한 방법으로 구체화될 수 있기 때문이다. 예를 들어, 사랑하는 사람의 일거수일투족에 항상 관심을 갖고 있는 사람은 자신의 모든 감정을 그와 공유하고 싶어 한다. 또 서로를 지지하고 이해하면 상대방의 불완전함까지도 포용할 수 있다. 친밀함은 사랑을 작은 시내처럼 졸졸 흐르게 해서 주변을 촉촉하게 적셔 주고 오래도록 지속하게 해준다.

그다음은 '열정'이다. 누군가를 깊이 사랑하면 그를 위해 기꺼이 희생하고 싶을 때가 있다. 그런 충동이 열정이고 때로는 이런 열정이 사랑으로 변하기도 한다. 게다가 사람들은 금방 싫증을 느끼기 때문에 열정이 없으면 사랑도 다 타고 남은 재처럼 금방 식어버릴 것이다. 그러면 남아 있는 친밀함도 일상 속 사소한 다툼으로 쉽게 사라져버릴지도 모른다. 사랑을 처음 느꼈던 그때의 열정을 유지하고 싶다면 두 사람의 기념일을 꼭 챙기라고 말해주고 싶다. 똑똑한 여자는 상대방이 꽃다발이나 사탕, 초콜릿을 보내주기만을 기다리지 않는다. 알다시피 사랑은 상호적이기 때문에 당신도 그를 위해 무언가를 해주면 관계의 '신선함'을 유지할 수 있다.

마지막은 여성들에게 있어 가장 중요한 '헌신'이다. 헌신은 자신을 관계에 바치겠다는 결정과 관계를 유지하려는 노력을 보여주기 때문이다. 성숙한 사랑에는 헌신이 있고 성숙한 헌신은 상대방에게 안정감을 줄 수 있다. 이것이 결여된 사랑은 어린아이의 장난처럼 여겨져 좋은 결과를 얻지 못한다. 일부 젊고 아름다운 여성들은 돈 많고 나이 많은 남자를 유혹하려고 하는데, 심지어 그들의 내연녀가 되는 것도 마다하지 않는다. 그러나 그런 부자들은 성숙한 결정이나 헌신을 하지 않는다. 시간이 흘러 그녀들의 미모와 청춘이 사라지면 결국 버림받고 만다.

여성은 직감이 뛰어나다고 하는데, 상대방이 정말 헌신을 할 의향이 있는지에 대해서도 명쾌한 해답을 갖고 있다. 다만 많은 여성이 그 결과가 사랑이 아닌 상황을 직면해도 쉽사리 놓지 않으려 할 뿐이다. 청춘은 단 한 번뿐이다. 당신의 가장 아름다운 시기에 나무에 목을 매고 죽을 것인가, 아니면 당신만의 커다란 나무 아래에서 여유를 즐기며 그네를 탈 것인가? 헌신 없는 사랑이라면 하루빨리 멀리하는 것이 좋다.

뜨거운 사랑은 열정에서 시작하고 따듯함은 친밀함에서 오고, 그 결과는 헌신에서 나온다고 할 수 있다. 친밀함과 열정, 헌신이 함께 존재해야 사랑은 더욱 원만하고 견고해진다.

살다 보면 맹렬하게 다가와서 막을 수 없는 사랑도 있지만 그런 사랑은 금방 왔다가 금방 사라진다. 두 사람의 감정 변화가 쉽게 흔들리다 보니 서로 사랑하긴 하지만 상처를 주기도 한다. 또 오래도록 천천히 흐르는 물처럼 서로 아끼고 이해하는 관계는 어딘지 모르게 열정이 부족한 것 같아서 서로를 충분히 사랑하지 않는 것처럼 느껴지는 경우도 있다.

사랑의 삼각형 이론은 불완전한 사랑이 진정한 사랑이 아니라는 의미가 아니라, 실제로 감정에 대해 더 많은 것을 할 수 있다는 의미다. 이런 이상적인 사랑의 이론은 사람들에게 감정적인 삶에 대해 노력할 수 있는 방향을 제시해 주고 사람들이 사랑 안에서 더 나은 사랑을 할 수 있도록 도와준다.

가끔 사람들은 사랑하고 사랑하지 않는 것이 어디까지나 상대방의 태도에 달려 있다고 오인하기도 한다. 상대방의 사랑이 확고하면 자신감이 생기고, 상대방이 망설이면 그만큼 불안감도 커진다. 사실 태도는 하나의 결과일 뿐이며, 그 결과에 영향을 주거나 결정짓는 요소는 두 사람이 함께 지내는 방식이다. 즉 감정을 조절할 줄 아는 사람은 감정은 끊임없이 쌓인다고 생각하기 때문에 매일 일상 속에서 서로의 감정을 어떻게 증진시킬 수 있는지를 더 중요하게 생각한다. 예를 들어, '어떤 소통이 서로를 더욱 편안하게 할 수 있을까?' '어떤 말을 사용해야 우리가 갈등을 일으키지 않고 사랑을 키울 수 있을까?' '우리 사이에 갈등이나 문제가 있을 때는 어떻게 해결해야 할까?' 등을 고민해보는 것이 좋다.

그러니 누군가 당신을 정말로 사랑하는지 궁금할 때는 탐정 셜록 홈즈처럼 사랑과 사랑의 실마리와 증거를 일일이 세세하게 찾으려 들지 마라. 그 대신 '나에게 사랑을 만드는 능력이 부족한 건 아닐까?'라고 먼저 자문해보길 바란다.

비교는 금물이다

많은 여성이 가진 버릇이 있는데, 바로 다른 사람과의 비교다. 주로 자기 주변 사람과 키나 몸무게, 화장품, 옷, 액세서리 등을 비교하는데, 그중에서도 흔히 볼 수 있는 것이 남자친구나 배우자를 비교하는 것이다.

"며칠 전에 내 친구 생일이었는데, 남자친구가 명품가방을 선물했더라고. 너는 내 생일에 뭘 사줬더라?" "옆집 남편한테 좀 배워, 얼마나 자상한지 너무 부럽더라." "당신 친구는 또 승진했다던데, 당신은 어떻게 아직도 과장이야?" 여성들이 남자친구나 배우자에게 자주 하는 말이다. 하지만 이런 말들이 예리한 칼날처럼 남성들 가슴에 비수처럼 꽂혀서 큰 상처로 남는다는 사실은 아마 모를 것이다. 오히려 단

지 몇 마디 한 것뿐인데, 과장이 심하다고 생각할 것이다. 그러나 비록 불평 몇 마디라도 남성들은 큰 충격을 받는다. 남성들이 가장 싫어하는 것은 여자친구나 아내가 자신을 다른 남성보다 못하다고 느끼는 것이다. 상대방이 자신을 무시한다고 생각해서 자존심에 큰 상처를 입는다. 대부분의 남성이 직접적으로 표현하지는 않지만 실제로 많은 갈등과 논쟁이 여기에서 비롯된다.

많은 여성이 상대방을 다른 남성과 비교하는 이유는 단지 격려 차원에서 그에게 동기부여를 해주자는 취지였을 뿐인데, 대체 무엇이 잘못됐는지 모르겠다는 반응을 보인다. 취지는 좋았는지 모르나 접근하는 방법이 틀렸다. 당신의 불평과 비교, 무시는 남성들의 자신감을 떨어뜨리고 자존심을 꺾어버려 오히려 진취적인 태도를 갖는 데 걸림돌이 된다.

남성들은 다른 사람과 비교당하는 것보다 여성들에게 인정받기를 원한다. 진심 어린 격려로 동기부여를 해주고 싶다면 적당한 칭찬이 도움이 된다. 칭찬과 찬사는 사람의 의욕과 열정을 불러일으킨다. 칭찬을 해주면 남성은 기대감을 갖게 되고 기대감에 부응하기 위해 최선의 노력을 다한다. 그렇기에 불평과 핀잔보다는 훨씬 좋은 효과를 얻을 수 있다.

남성은 가정에서 핵심적인 역할을 할 수밖에 없기 때문에 아내로서 당신은 배우자가 어깨를 쫙 펼 수 있도록 자신감을 북돋워줘야 한다. 그가 아주 간단한 요리를 해주더라도 그를 꼭 껴안아 주고 그가 만든 요리가 세상에서 가장 맛있고 자신을 행복한 여자로 느끼게 해준다는 사실을 알게 해주자. 또 청소나 빨래를 도와줬다면 비록 단순한 집안일이지만 칭찬과 고마움을 아낌없이 표현해보자.

남성들은 직장이나 사업에서 성공을 이루는 것을 매우 중요하게 생각하기 때문에 이에 대한 칭찬과 격려도 놓치지 말아야 한다. 남자친구나 배우자가 큰 결정을 앞두고 너무 긴장한 나머지 주저하고 있다면 "당신이라면 잘할 수 있을 거야!" "성공할 거야, 너무 걱정하지 마." 같은 말들로 그를 위로하고 격려함으로써 최대한 안심시키도록 한다. 또 그가 실망하고 무기력함을 느낀다면 "당신이 기대한 만큼 성과를 거두지 못했지만 열심히 했으니까 그걸로 충분해. 정말 존경스러워. 꿈을 향해 가는 길이 그렇게 순탄치만은 않을 거야. 다시 시작할 수 있는 용기만 있으면 돼. 난 당신이 다시 할 수 있다고 믿어!"라고 반복적으로 말해주도록 하자. 이것은 그에게 계속 앞으로 나아갈 수 있는 용기를 줄 것이다.

다른 사람의 삶을 지나치게 부러워하느라 자신의 현재 상태에 만족하지 못하고 자신의 남자친구나 배우자를 다른 사람과 비교하는 여성들도 많다. 이런 비교도 바람직하지 않지만 그렇다고 '내 남자는 반드시 남보다 잘나야 한다'는 생각도 결코 올바른 태도는 아니다. 자신의 기준과 생각을 어느 정도 다듬어야 한다. 자신의 고난과 어려움은 오직 자신만이 느낄 수 있는 것인데, 왜 당신의 행복을 다른 사람과 비교하는 것인가? 부유한 삶도 행복하고 평범한 삶도 똑같이 행복하다. 우리는 다른 사람의 인생을 살 수 없고 다른 사람도 우리의 인생을 살 수 없기 때문에 우리 자신의 행복을 누릴 줄 아는 것만으로도 충분하다.

앞서 말한 비교와 칭찬은 모두 부부관계에 중요한 요소다. 비교는 부부간의 좋은 관계를 해치고 칭찬은 부부관계를 더욱 돈독하게 해준다. 지금도 늦지 않았다는 사실을 명심해라. 당신과 배우자가 영원히 함께하길 바란다.

남편에게 용돈을 준다면

'남자는 돈만 있으면 딴생각을 한다'는 말은 많은 여성들에게 신조처럼 여겨져 남자친구나 배우자가 비상금을 만들거나 용돈을 숨기는 것을 결코 허용하지 않는다. 그의 월급통장과 카드내역을 손에 넣어 그가 하루에 쓴 금액과 사용처를 일일이 확인하고 나서야 안심하곤 한다. 그러나 이런 행동은 종종 남성을 피곤하게 만든다. 돈을 쓸 때마다 아내의 허락을 구해야 하고 아내가 허락하지 않으면 돈을 쓸 수 없어 간혹 친구들 앞에서 머쓱해지는 순간을 맞이하기도 하는데, 그럴 때는 자신이 '공처가'가 된 것만 같아 여러 가지 고민을 하게 된다.

그렇다면 왜 여성들은 남성들이 밖에서 혼자 돈을 쓰는

것을 싫어할까? 첫 번째 이유는 남성들이 중요하지 않은 일에 돈을 헤프게 써서 가정 경제에 타격이 생기지 않을까 하는 걱정 때문이고, 두 번째 이유는 수중에 돈이 있으면 친구들과 음주가무를 즐기다가 바람을 피우지 않을까 하는 걱정 때문이다. 그러나 대부분의 남성에게 비상금의 주된 용도는 친구를 사귀고 사업상 접대를 하기 위한 것으로 모두 필수 불가결한 사회적 비용이다.

'돈은 인간의 존엄성을 상당 부분 유지시켜준다'는 말이 있는데, 남성에게 이런 존엄성은 특히 중요하다. 현실적으로도 기혼 남성이 여성보다 사교적 욕구가 더 강하고 사교의 범위가 더 넓기 때문에 친구들과 어울릴 기회도 훨씬 많다. 대부분의 사람들은 오고 가는 것을 중시하기 때문에 오늘 다른 사람에게 식사를 대접받았다면 내일은 자신이 대접하는 것이 당연하다고 생각한다. 만약 본인의 차례가 왔는데, 그 순간에 돈을 내지 못한다면 아무리 친구 사이라고 해도 얼굴이 화끈거려 고개를 들지 못할 것이다. 그러니 남성의 사교적 욕구에 대해 어느 정도 이해해주어야 한다.

또 오늘날 남성들은 비상금을 사교적인 용도에만 쓰는 것이 아니라, 더 좋은 용도로 사용하기도 한다. 다음의 몇 가지 사항을 예로 들어보자.

첫째, 부모님께 용돈을 드린다. 좋은 남자는 자신의 부모를 잘 보살피는 것만큼 아내의 부모인 장인과 장모도 잘 보살핀다. 혹시라도 장인이 집을 사는 데 돈이 급하게 필요하다면 아내가 지원할 수 있는 범위 외에 자기가 가진 비상금 일부를 드리거나, 장인과 장모의 생일이 됐을 때 비상금을 털어 좋은 선물을 사드리기도 한다. 비상금을 이렇게 사용한다면 그 효과는 더할 나위 없이 좋을 것이다.

둘째, 결혼생활에 낭만적인 분위기를 더한다. 좋은 남자는 매년 아내 생일이나 결혼기념일에 깜짝 놀랄만한 이벤트나 선물을 준비한다. 낭만적인 촛불 만찬에 멋진 선물까지 곁들인다면 아내는 깊은 감동을 받을 것이다. 또 밸런타인데이나 크리스마스에 비상금으로 아내에게 예쁜 장미 한 송이를 선물해보자. 만약 이런 서프라이즈 선물이나 이벤트에 필요한 비용을 아내에게 보고해 생활비로 지출해야 한다면 낭만적인 효과는 크게 떨어질 것이다.

셋째, 자신의 취미를 계발한다. 사진 찍기나 낚시 등을 취미로 즐기는 남성들이 많은데, 대부분의 여성은 이런 취미가 무슨 소용이 있는지 반문할 것이다. 돈과 시간을 낭비하는 것은 차치하고 실제 가정생활에 별로 도움이 되지 않기 때문에 아내는 남편의 이러한 취미를 반기지 않는다. 그래서 남성들이 취미를 위해 가계의 생활비를 사용하는 것이 훨씬 어렵다. 또 투자를 좋아하는 남성은 벤처 산업에 투자를 하는 경우가 많은데, 이때 자신이 모아둔 비상금을 사용하면 아내의 눈치를 보지 않고 자신의 취미를 충분히 즐길 수 있다.

그러므로 남성의 비자금 문제를 보다 지혜롭게 다루고 싶다면 남성에게 모든 지출내역을 보고하도록 하는 대신 차라리 소액이라도 저축을 권하면서 그가 자유와 책임을 느낄 수 있도록 해주자. 더 많은 신뢰와 적은 의심, 더 많은 자유와 적은 통제가 당신의 가정생활을 더욱 조화롭게 할 것이다.

남성에게 존중은
사랑보다 중요하다

존중은 우리에게 그리 낯선 단어는 아니다. 누구나 존중받고 인정받기를 바라는 것처럼 두 사람의 친밀한 관계에서도 마찬가지일 것이다. 대부분의 남성이 여성과 갈등이 생겼을 때 화가 나는 이유는 단순한 말다툼 때문이 아니라 자신이 존중받지 못하고 있다고 느끼기 때문이라는 조사 결과가 나왔다. 어떤 면에서 남성에게는 존중이 사랑보다 먼저일 수 있다.

그렇다면 어떻게 상대방을 존중할 수 있을까?

첫째, 두 사람의 세계에서 그를 존중해준다. 그와 소통하고 서로 이해하는 과정에서 언제나 인내심을 갖고 그의 말에 귀를 기울인다. 그러고 나서 자신의 생각을 이야기하며 그와의 소통을 이어나간다. 정신적인 존중이야말로 가장 중요하고 가장 깊은 단계의 존중이다. 상대방을 다른 사람과 비교하기보다는 항상 존중하고 이해하고 격려해주자. 혹시라도 그에게 "지금 당신 꼴 좀 봐." "A씨는 못하는 게 없던데, B씨는 어떻고……."라는 말을 자주 하지 않는가? 물론 나는 당신이 이런 비교를 통해서 상대방을 자극하려 한다는 것을 알고 있다. 하지만 실제로 남성에게 이것은 모욕이자 수치이기 때문에 오히려 역효과가 날 수 있다. 만약 그가 당신에게 똑같이 한다면 당신은 어떤 기분일 것 같은가? 대답도 제대로 못 할지도 모른다. 《논어》에 '자기가 하기 싫은 일은 남에게도 강요하지 마라'는 좋은 말이 있다. 매몰차게 그를 억누르기보다 먼저 그를 존중하고 그의 장점은 칭찬하고 단점은 선의를 담아 지적하는 것이 좋다. '못났다'와 '힘내라' 중 어느 말이 사람을 변화시키는 데 더 도움이 될까?

둘째, 그의 친구들 앞에서 그를 존중해준다. 다 큰 성인 남성이라도 그 안에는 언제나 남자아이가 살고 있다. 그런 '남자아이'들이 같이 모이면 자기자랑과 시답지 않은 농담을 하느라 바쁘다. 이때 그를 '한심하다'는 듯 눈치를 주거나 한창 물오른 분위기에 찬물을 끼얹지 말고 적절하게 체면을 세워줄 필요가 있다.

하지만 친구들 앞에서 그를 존중한다는 의미가 그가 무슨 행동을 해도 모두 참아야 한다는 것은 아니라는 점을 명확하게 해두길 바란다. 거짓말을 한다든지 기본적으로 지켜야 하는 선을 넘었을 때에는 명확한 원칙을 들어 말할 수 있어야 한다. 모든 존중은 서로 기본적인 매너를 지키는 토대 위에서 이루어지는데, 이 점이 매우 중요한 포인트다.

셋째, 그의 원래 가정을 존중하는 것도 매우 중요하다. 그의 부모에게 효도하고 그의 친척에게 친절하게 대하는 것도 그를 존중하는 표현이다. 책임감이 강한 남성은 사랑하는 사람이 자기 앞에서 부모를 비난하거나 무례한 행동을 하는 것을 결코 용납하지 못한다. 당신도 마찬가지로 남편이 장인, 장모에게 자주 안부를 묻고 칭찬과 존경의 말을 주고받으며 서로 잘 지내길 바랄 것이다. 그러므로 당신의 부모에게 하듯 그의 부모를 대하고 존중하자. 그가 자기의 부모에 대한 당신의 존중과 사랑을 느끼면 당신 부모에게도 존중과 사랑을 아낌없이 표현할 것이다.

결혼과 연애에서 존중은 사랑만큼 중요하다. 서로에 대한 존중이 없는 말은 아무도 모르게 서로의 감정에 어두운 그림자를 드리울 수 있다.

여성에게 친밀함은
존중보다 중요하다

같은 맥락으로 이번에는 여성에게 중요한 것은 무엇인지 알아보려고 한다. 여성에게 더 중요한 것은 무엇일까?

본론으로 들어가기 전에 이야기 하나를 들려주고 싶다.

내 친구 남편의 고등학교 동창이 친구가 사는 도시로 출장을 와서 친구 남편에게 전화를 걸었다. 친구 남편은 옛 동창이 너무 반가워서 주말에 함께 저녁을 먹자며 집으로 초대를 했다. 퇴근 후 내 친구에게 이 사실을 말하자, 친구는 기분이 썩 좋지 않았다. 친구의 남편은 잘못한 것이 없다고 생각했지만 친구는 사전에 상의하지 않는 것에 대해 서운함을 내비쳤다.

"왜 친구를 초대하기 전에 미리 말 안 했어? 나랑 먼저 상의해야 하는 거 아니야?"

"내가 이런 것까지 당신한테 먼저 허락을 받아야 하는 거야?"

바로 여기서 갈등이 생긴다. 친구의 남편 입장에서는 아내와 상의해야 한다는 것이 독립적으로 행동할 자유가 없고 존중받지 못한다는 것을 의미한다. 그러나 보통 여성들은 "남편과 상의하고 알려줄게."라는 말이 남편과의 친밀함을 나타낸다고 생각하기 때문에 그렇게 상의했을 때 오히려 기뻐한다.

이것이 바로 여성이 더욱 중요하게 생각하는 친밀감이다. 여성은 항상 배우자와 친밀한 관계를 유지하길 원하며 그것을 위해 노력한다. 여성이 남성보다 팔짱을 끼는 것 같은 친밀한 스킨십을 훨씬 좋아하지 않는가? 여성은 신체적 언어인 스킨십을 통한 감정표현을 더 좋아하고 서로 신체적인 연결을 통해 친밀함과 호감을 표현하고 싶어 한다. 선천적으로 여성은 남성보다 안정감이 부족하기 때문에 여성의 감각, 특히 촉각은 남성보다 훨씬 민감한 편이다. 신체 접촉이 많을수록 내면의 안정감이 충족되고 동시에 상대방과의 거리낌 없는 스킨십은 서로의 친밀함을 보여줄 수 있다.

따라서 전형적인 결혼생활에서 여성은 '참여'하는 경향이 더 크다. 남성이 계속해서 '독립적인 상태'를 유지하면 여성은 친밀감을 느끼지 못할 뿐만 아니라 나아가 자신을 사랑하지 않는다고 생각하기 시작한다. 그래서 걸을 때 그녀의 손을 잡아주고, 자주 안아주고, 가끔 우아한 레스토랑에서 저녁을 먹거나 문제가 생겼을 때 함께 상의하고 그녀의 의견을 경청해주는 것이 필요하다. 이런 단순한 행동에도 그녀는 친밀감을 느끼고 사랑받고 있다는 느낌을 받게 된다.

여성이 중요하게 생각하는 두 번째는 바로 경청이다. 대부분의 여성은 어려운 문제에 직면하면 남성에게 도움을 요청한다. 그러면 남성은 여성에게 직접적인 해결책을 제시하는데, 사실 여성이 진정 원하는 것은 자기 이야기를 경청해주는 것이다. 문제 해결이 아니라 그의 관심과 친절인 것이다. 그러니 아내가 남편과 소통하고 마음을 털어놓고 싶어할 때에는 여건이 허락하는 한 진지하게 인내심을 갖고 그녀의 고민을 들어주도록 하자.

당신의 집중과 공감은 그녀 마음의 무거운 짐을 덜어주고, 불쾌하고 나쁜 일들을 이야기하면서 찝찝한 기분을 해소하고 만족감을 느끼게 한다.

세 번째이자 가장 중요한 것은 남성의 충성심이다. 사랑을 하고 있거나 해봤던 사람이라면 누구나 이런 경험이 있을 것이다. "나를 얼마나 사랑해? 내가 늙고 병들어도, 지금처럼 예쁘지 않아도 날 사랑할 수 있어? 만약에 내가 불구가 되면? 치매에 걸리면?" 여성들이 주로 이런 질문을 많이 하는데, 정작 남성들은 왜 이런 질문을 하는지조차 이해하지 못하는 경우가 많다. 사실 그녀는 당신의 확실한 보증을 통해 당신의 충성을 확인하고 끊임없이 요구하는 약속을 통해 자기 내면의 불안을 달래고 싶은 것이다.

남성에게도
매달 '그날'이 찾아온다

어려서부터 친한 남자사람 친구가 있는데, 며칠 전 아내와 크게 다툰 후 달래줘야겠다는 마음에 아내에게 미안하다고 사과를 하면서 우스갯소리로 말했다. "그만 화 풀어. 당신처럼 나도 '그날'이었나 봐." 아마 대부분의 사람이 이 말을 농담이라고 생각하겠지만 사실 그가 한 말은 어느 정도 일리가 있다. 어쩌면 정말 '그날'이었기 때문에 자신의 감정을 제대로 조절하지 못하고 아내와 다툰 건지도 모른다.

일반적으로 여성은 월경 기간 중에 감정 기복이 심하고 예민해지는데, 그 기간을 속칭 '그날'이라고 부른다. 실제로 이미 20세기 초에 심리학자들은 장기간의 임상 실험을 통해 인체의 생물학적 리듬에 감정 주기가 있다는 사실을 발견했다. 이 주기는 성별에 관계없이 모든 사람에게 존재하는데, 연구 결과에 따르면 인간의 감정 주기는 선천적인 것이다. 태어난 날을 시작으로 보통 28일을 하나의 주기로 보며, 이 주기는 계속해서 반복된다. 매 주기의 전반부는 '고조기'고, 후반부는 '저조기'다. 고조와 저조 사이, 즉 고조에서 저조로 혹은 저조에서 고조로 넘어가는 과도기를 '임계기'라고 부른다. 임계기는 보통 2~3일 정도 되는데 임계기의 특징은 감정이 불안정하고 신체의 모든 부분이 유기적으로 움직이지 못하고 사고가 발생하기 쉽다는 것이다.

다시 말해서, 남성이 여성처럼 정기적으로 '월경'을 하지 않아도 감정적으로 '그날'이 올 수 있다는 말이다. 당신 남편이 최근에 기분이 좋지 않거나 당신에게 다정하게 대하지 않는다면 화부터 내지 말고 남성에게 감정 주기가 있다는 것을 이해하려고 해보라. 그렇게 한다면 두 사람의 관계를 더 잘 운영할 수 있다. 남성의 감정 주기에는 일정한 규칙이 나타나는데, 평소 자상했던 사람이 소원해지고 그러다 시간이 지나면 다시 자상해진다. 자세히 말하자면, 평소에는 당신에게 더없이 자상하고 세심했던 사람이 어느 시점에서 갑자기 불안해하고 짜증을 많이 내며, 가끔은 게임을 한다는 이유로 당신의 메시지에 회신하지 않는 등 일부러 당신을 멀리한다는 것이다.

이때 당신은 화가 나서 그가 마음이 변한 건 아닌지 의심하기 쉬운데, 이 순간이 바로 당신과 남편이 충돌할 가능성이 가장 높은 때이다. 하지만 당신이 남편과 다투지 않고 화를 참으며 침착하게 기다려주면 얼마 후 남편은 예전의 모습으로 돌아와서 다시 자상한 남편이 되어줄 것이다.

감정 주기를 이해하고 나면 남편이 이 시기에 접어들었을 때 당신은 이런 상황이 지극히 정상적인 현상이라는 것을 알게 되며 무의미한 다툼을 할 필요가 없다는 것을 알게 된다. 이때에는 되도록 온화하고 성숙한 모습을 보여주고 변덕스러운 그의 감정을 배려해줘서 그가 당신의 따뜻함과 지지를 느낄 수 있도록 해준다. 남편의 기분이 좋지 않거나 아무 이유 없이 화를 낼 때 남편의 태도에 반박하려는 마음을 잠시 억누르고 오히려 부드러운 말투로 남편을 달래고 이해시킨다. 아니면 평소 그가 하는 일을 도와서 그가 부담을 덜어낼 수 있도록 한다. 작은 행동으로도 그의 감정 기복으로 인한 과민 반응을 개선할 수 있을 뿐 아니라, 더 나아가 두 사람의 감정까지 증진시킬 수 있다.

물론 남성들도 가정의 '리더'인 여성의 감정 주기를 더 이해해주고 서로 관심을 가져준다면 함께 보내는 하루하루가 더욱 의미 있는 날들이 될 것이다.

당신이 이해할 수 없는
'그의 행동'

내가 예전에 어디선가 읽은 이야기다.

한 소녀가 속상한 마음을 일기에 적어두었다. 데이트에 몇 분 늦었을 뿐인데, 남자친구는 같이 있는 내내 그녀에게 차갑게 대했다. 밥을 먹을 때, 영화를 볼 때, 심지어 집에 데려다주는 길에도 짙은 침묵만 계속됐고 마음이 다른 곳에 가 있는 느낌마저 들었다. 소녀는 불안함에 어찌할 바를 몰랐고 그와 대화로 좋게 풀고 싶었지만 그는 "괜찮아, 너와 상관없는 일이야."라며 대화를 일축했다. 평소 잠들기 전 보내는 문자 메시지에도 답장을 하지 않았다. 그녀도 더 이상 계속 물어볼 수 없었다. 한참을 생각해봤지만 대체 무엇이 잘못된 건지 알 수 없었다.

같은 시간에 남자친구도 일기를 썼는데, 거기에는 '젠장, 오늘 이탈리아가 졌다니!'라는 한 마디가 전부였다.

남성과 여성의 사고방식에는 차이가 있기 때문에 여성의 섬세하고 예민한 생각을 남성은 전혀 읽지 못하고 어떻게 그렇게 많은 생각을 할 수 있는지 오히려 답답해하는 경우가 많다.

하지만 여성에게 있어 자신과 사랑하는 사람의 감정과 생각에 관심을 기울이는 것은 아주 자연스러운 일이다. 그녀는 그가 오늘 기분이 좋은지, 짜증나는 일은 없었는지, 자신에 대한 태도가 어떤지에 신경을 많이 쓴다. 또 혹시라도 자기가 그를 귀찮게 하지 않았는지, 그가 하는 일이나 행동이 미래의 두 사람 관계에 어떤 영향을 미칠지 등을 생각하고 고민한다.

그러나 삶은 혼자만의 원맨쇼가 아니다. 당신은 계속 생각하고 고민하는데, 상대방은 전혀 이해하지 못하고 귀찮아한다면, 그래도 상관없다고 생각하는가? 아무리 좋은 조건의 남자친구라도 당신을 이해하지 못하면 둘이 있어도 여전히 외롭고 허전함을 느낄 수밖에 없다.

도대체 남성들에게는 여성들이 이해할 수 없는 부분이 왜 이렇게 많은 걸까? 그래서 나는 우리 주변에서 흔히 볼 수 있는 '당신이 이해하지 못하는 남성에 대한 것'에 대해 이야기해보려고 한다.

첫째, 남성들은 왜 설교를 좋아할까?

무슨 일이든 항상 설교를 늘어놓는 남편이 마음에 안 든다며 많은 여성들이 불평을 늘어놓는다. 남편들, 대부분의 남성은 여성이 무슨 일에 대해 말하든 어떤 대답을 원하든지 상관없이 오로지 그 일에 대한 조언과 해결 방법만 제시해주려고 한다. 회사에서 있었던 사소한 일이나 짜증나는 상사 뒷담화로 감정을 풀어보려고 하면 그 상황에서 어떻게 해야 하는지, 어떻게 말해야 하는지 등 조목조목 따져서 알려주는 통에 오히려 기분이 더 나빠지는 경우가 많다.

이 같은 결과가 나타나는 이유는 두 가지다.

첫 번째 이유는 진화심리학적으로 봤을 때, 예나 지금이나 문제 해결은 남성이 가진 강점이기 때문에 남성들은 다른 사람에게 이 능력을 과시하고 보여주기를 좋아하는 것이다. 두 번째 이유는 남녀의 사고방식에 차이가 있기 때문인데, 대부분의 여성이 남성에게 이런저런 이야기를 하는 주요 목적은 단순한 하소연일 때가 많다. 그녀들이 원하는 것은 무뚝뚝한 대답이나 해결책이 아니라 상대방의 따뜻한 위로와 이해가 전부다. 하지만 남성들은 자신에게 문제를 이야기하는 이유가 도움을 받기 위해서라고 생각하기 때문에 어떻게든 문제의 해결 방법을 알려주려고 한다. 이것은 아내에 대한 사랑과 관심의 표현인데, 아내는 남편의 잦은 설교가 그저 자신의 말을 듣고 싶지 않아서 그런 거라고 오해하곤 한다. 이것은 아마도 남녀 간의 가장 풀기 어려운 오해 중 하나일 것이다.

둘째, 남성들은 왜 쇼핑을 좋아하지 않을까?

여성에게 쇼핑은 일종의 스트레스 해소법이다. 기분 나쁜 일이 생기면 친구 몇 명을 불러 함께 식사하고 쇼핑을 하면 금방 기분이 나아진다. 반면에 남성에게 쇼핑은 큰 스트레스다. 진화심리학적으로 보면, 원시시대 남성은 모두 사냥을 했기 때문에 시선을 목표물에 직접 조준하는 능력이 발달해 있다. 그런데 쇼핑을 할 때는 시선이 사람과 물건 사이를 쉴 새 없이 이동하며 분산되어 목표물을 정확히 조준하기가 힘들어지기 때문에 불편함을 느끼기 쉽다. 남성은 목적 없이 쇼핑하는 것보다 구매해야 하는 물건이 확실히 정해져 있는 신속한 쇼핑을 선호한다. 가능하기만 하다면 남성은 영원히 쇼핑몰에 가지 않기를 바랄지도 모른다.

또한 여성과 남성은 쇼핑의 목적부터 다르다. 쇼핑은 여성들이 여유를 즐기는 방법의 하나로, 설사 구매한 물건이 없어 빈손으로 돌아간다 하더라도 매우 보람찬 하루였다고 생각할 것이다. 그런데 남성은 필요한 물건을 사는 게 쇼핑의 주요 목적이기 때문에 뚜렷한 구매 물건 없이 빈손으로 돌아간다면 그날 하루를 버렸다고 생각할 것이다. 그래서 남성은 여성이 온종일 쇼핑몰에 있었는데 아무것도 못 샀다고 하면 깜짝 놀란다.

셋째, 남성들은 왜 상대방을 짜증나게 하는 나쁜 습관을 가지고 있을까?

어느 나라를 가든 여성들은 남성들의 체취와 비위생적인 습관 때문에 하나같이 열을 올리며 불만을 터트린다. 하지만 솔직히 말해서 남성이든 여성이든 나쁜 습관은 누구나 가지고 있다. 단지 남성이 세세한 부분까지 신경 쓰지 못하는 것뿐이다. 남성은 여성이 가진 나쁜 습관을 더 쉽게 받아들이고 용인하지만, 세세한 부분까지 신경 쓰는 여성의 입장에서는 남성의 이러한 습관들이 쉽게 받아들여지지 않아 반드시 고쳐야 한다고 생각한다. 여성들은 남성의 나쁜 습관 때문에 그와의 진지한 대화를 시도하지만 남성들은 스스로 나쁜 습관이라고 생각하지 않기 때문에 대부분 건성으로 무성의하게 대한다. 남성들에게 방귀를 뀌거나 트림을 하는 일은 지극히 생리적인 일이고 누구나 할 수 있는 일이기 때문에 그렇게 비위생적인 행동이라고 여기지 않는다. 게다가 남성들은 집에서 최대한 편안하게 있어야 한다고 생각해서 옷을 걸치고 있지 않은 경우가 많은데, 그들은 집에서 마음대로 편안하게 있지 않으면 집에 있는 게 무슨 의미가 있냐고 반문하기도 한다.

넷째, 남성들은 왜 여성의 의견을 듣기 싫어할까?

남성은 의견을 제시하는 것은 좋아하지만 다른 사람의 의견, 특히 여성의 의견을 듣는 것은 별로 좋아하지 않는다. 남성이 묻지도 않은 상태에서 여성이 먼저 의견을 제시하면 남성은 여성이 자신을 무능하고 자기 문제를 제대로 해결하지 못하는 사람이라고 생각한다고 느낀다. 남성들은 다른 사람의 의견을 먼저 물어보는 일을 부끄럽다고 생각하고 무능하게 보인다고 생각한다. 그렇기에 문제가 생기면 스스로 해결하려 해서 다른 사람에게 자신의 고민을 이야기하는 경우가 극히 드물다.

이제 남성의 심리를 조금이나마 이해하겠는가? 앞으로 남자의 시각에서 문제를 바라보고 그의 심리를 잘 헤아려주기 바란다. 그러면 두 사람의 관계는 더욱 견고하고 친밀해질 것이다.

남성들의 거짓말

많은 사람이 여성은 감정에 굉장히 예민한 편이라 남성에게 일어난 아주 조그마한 변화라도 쉽게 알아차릴 수 있다고 말한다. 그렇다면 왜 여성이 남성보다 감정에 더 예민한지 그 이유를 살펴보도록 하자.

첫 번째 이유는 여성은 직감에 강하기 때문이다. 여성이 가진 직감은 매우 날카롭고 예리해서 남성은 감히 따라올 수 없을 정도다. 남성은 어떤 사건의 진실을 알고 싶을 때 주로 논리적인 추리를 하고 이성적인 사고로 진실에 가까워지는 것을 좋아하기 때문에 '당신은 이치에 어긋났다'는 말을 자주 한다. 이와 반대로 여성은 이 일이 이치에 맞는지 아닌지는 별로 중요하게 생각하지 않고 자신의 뇌리에 스치는 직감을 믿기 때문에 남성보다 세부적인 부분에 더 신경 쓰는 편이다. 예를 들어 어떤 옷을 입었는지, 어떤 넥타이를 착용했는지, 심지어 무슨 색 신발을 신었는지 등 이런 세부적인 부분들은 여성에게 특별한 신호로 그녀들의 반응을 이끌어내기도 한다. 여성이 무언가를 의심하는 이유는 상대방의 목소리와 눈빛, 표정 등 세부적인 부분이 어딘지 모르게 부자연스러운 신호를 보내기 때문이다.

두 번째 이유는 여성의 위기의식이다. 진화심리학적 관점에서 여성은 남성의 거짓말에 위기의식을 강하게 느끼는데, 이것은 여성의 감정과 삶을 유지하기 위해 진화한 능력이다. 여성에게 좋은 남편은 매우 중요하다. 여성은 자녀를 양육하기 위해 자신의 일도 포기하고 남편을 챙겨주기 위해 끊임없이 배우고 노력하는 등 가정을 위해 많은 헌신을 자처한다. 이처럼 여성이 남성보다 가정에 더 많이 헌신하기 때문에 가족관계나 부부관계에 더 신경 쓰게 되고 남편이 떠날까봐 두려워한다. 가정을 지키고 남편의 배신을 방지하기 위해 여성은 남편의 미세한 변화를 예리하게 관찰할 수 있도록 점차 '진화'해 간다. 이 때문에 평소와 다른 남편의 행동이나 말투의 변화를 예리하게 포착해낼 수 있다.

그렇다면 남성이 거짓말하는 것을 알았을 때 어떻게 반응하는 것이 좋을까? 즉시 거짓말을 알아챘음을 드러내야 할까? 남성이 거짓말을 할 때 바로 진실을 이야기하게 하는 것이 최선의 방법은 아니다. 당신의 정면 공격과 끊임없는 질문은 남성에게 죄책감을 갖게 하는 것이 아니라 오히려 짜증을 유발할 수 있다.

그와 대치하기 전에 먼저 두 가지 문제를 확실히 고려해 보아야 한다. 첫 번째로 남성이 왜 거짓말을 하는지 생각해 봐야 한다. '귀찮아서' 거짓말을 한다는 남성들이 많은데, 그들은 여성들이 사소한 일로 자신의 자유를 제한하는 것을 귀찮아할 뿐 아니라 힘겨워한다. 남성들은 대개 인내심이 없고 불필요하다고 생각하는 일로 여성과 다투는 일에 익숙하지 않기 때문에 적절한 거짓말이 가장 직접적이고 간단한 대응법이라고 생각한다. 이것은 모든 남성이 공감하는 부분이므로 남성의 이런 심리를 잘 이해해주고 남성의 거짓말을 복잡하게 생각하지 말자. 그가 거짓말을 한다고 해서 당신을 사랑하지 않거나 신뢰하지 않는다고 생각하지 않길 바란다. 남성의 거짓말은 사실 생각만큼 그렇게 심각한 수준은 아니다. 그러나 이혼 사실을 숨기거나 바람을 피우는 등 사소한 일이 아니라 적정선을 넘어선다면 두 사람의 관계를 다시 생각해 볼 필요가 있다.

두 번째로 그가 항상 거짓말을 하는지 생각해봐야 한다.

세상에 거짓말을 하지 않는 사람은 없다. 아주 가끔 거짓말을 하고, 그 거짓말이 큰 문제가 되지 않는다면 그냥 모른 척 넘어가 줘도 괜찮다. 모든 일을 다 알면 오히려 사는 게 더 힘들어질 때가 있기 때문에 차라리 모르는 게 약이다. 특히 부부가 함께 산다는 것은 아름다우면서도 복잡한 과정이라 서로의 관계를 윤택하게 하기 위해 거짓말의 존재는 반드시 필요하다. 그러나 항상 거짓말을 한다면 상대방에 대한 당신의 믿음을 유지할 가치는 없다.

'모르는 척'의 미덕

결혼한 친구들이나 카페 옆자리에 앉은 여성들 등 우리는 주변 사람들이 자기 남편에 대한 험담을 거침없이 늘어놓는 모습을 자주 볼 수 있다. "어제도 친구랑 놀다가 늦게 들어와 놓고 오늘 또 늦게 들어온다지 뭐야." "전화기 너머로 분명히 여자 웃음소리가 들리는데, 급한 일로 외근 중이라고 하더라!" 이런 일들은 언제든지 일어날 수 있고 결혼생활 중 다툼과 냉전의 소지가 된다. 그런데 다투고 난 후에 왜 이런 사소한 일을 가지고 시시콜콜하게 따졌는지 생각해보는 사람은 얼마나 될까? 너무 힘들이지 않고 서로에게 좋은 방법은 없을까? 물론 있다. 그냥 '모르는 척'을 하면 된다.

여기서 말하는 '모르는 척'은 단순히 화를 참으라는 것이 아니라 살면서 일어나는 작은 일들을 일일이 따지지 말고 적당히 얼버무려 보라는 의미다. 즉 생각을 다르게 해보라는 말이다. 한번 생각해보자. 남성 앞에 여성 두 명이 서 있다. 한 명은 매일같이 자신을 미행하고 짜증만 내는 사나운 여성이고, 다른 한 명은 적당히 '모르는 척'을 할 줄 아는 현명한 여성이라면 둘 중 누구를 선택할까? 가끔은 알아도 모르는 척, 상대방을 지나치게 다그치지 말고 좀 더 자유를 주도록 하자.

 그렇다면 여성이 모르는 척해야 하는 적절한 시점은 언제일까?

 거짓말을 했을 때 모르는 척 넘어가주자. 가끔 남편이 거짓말을 한다면 굳이 일부러 들추어낼 필요는 없다. 끝을 보겠다는 마음이 아니라면 그의 거짓말에 악착같이 달려들 필요는 더더군다나 없다. 그저 "난 그냥 당신이 걱정돼서 그렇지."라는 말과 함께 의미심장한 미소를 보내며 '네가 거짓말한 거 다 알고 있지만 더 이상 캐묻지 않을게.'라는 메시지를 던져주면 된다. 특히 다른 사람이 함께 있을 때는 남편의 체면을 살려주고 직장 동료나 친구들 앞에서 좋은 이미지를 유지할 수 있도록 해준다. 그러면서 당신이 집에서 그를 교육할 수 있는 좋은 기반을 마련해 두는 것이다. 항상 남편의

거짓말을 가차 없이 폭로하면 그의 체면도 잃을 뿐만 아니라 두 사람의 관계도 서서히 무너질 것이다.

몰래 숨겨둔 비상금을 발견했을 때는 슬쩍 넘어가주자. 옷장을 정리하다가 남편이 몰래 숨겨둔 비상금을 발견했다. 남편이 집에 돌아오자마자 추궁을 시작한다. "이게 다 뭐야? 여태까지 나 몰래 비상금을 모은 거야?" "당신 혹시 다른 여자 있는 거 아니야?" 이런 접근 방식은 바로 다툼으로 직결된다. 돈을 원래 자리에 돌려놓고 아무것도 모르는 척 툭 하고 질문을 던져본다. "오늘 옷장 정리했는데, 정말 지저분하더라." 당신이 비상금을 찾았다는 사실을 내비칠 뿐 드러내지 않는다. 그러면 죄책감을 느낀 남편이 알아서 진실을 털어놓는다. 이때 당신도 혹시 남편이 당신의 생일선물을 준비하려고 비상금을 모아둔 건 아닌지 다르게 생각해볼 수도 있다. 남편의 지갑에 있는 동전 한 닢까지 신경 쓴다면 두 사람의 관계는 걷잡을 수 없이 멀어질 것이다.

남편이 집에 늦게 들어왔을 때는 모른 척해주자. 대부분의 아내들은 남편이 늦게 들어오면 신발을 벗기 전부터 "오늘 대체 어디 갔었어?" "왜 이렇게 늦게 온 거야?" "전화는 왜 안 받아?"라며 기관총처럼 질문을 쏘아붙인다. 하지만 이때 늦게 들어온 남편의 겉옷을 묵묵히 받아주면서 일부러 애교를 부리며 뽀로통한 척 물어본다고 가정해보자. "오늘 왜 이렇게 늦은 거야? 전화도 안 받고, 내가 집에서 얼마나 걱정했는지 알아?" "다음에는 무슨 일이 생기면 미리 연락해 줘. 그래야 나도 안심하고 기다리지." 이런 부드러운 말투로 속삭이듯 말하면 미안함과 당신을 오래 기다리게 한 것에 대해 죄책감까지 느껴 고마운 마음도 동시에 갖게 된다. 그러면 두 사람의 관계는 더욱 단단해질 수 있다.

　모르는 척하는 데 가장 중요한 원칙은 한마디로 '큰일은 원칙대로 처리하고 작은 일은 모르는 척하는 것'이다. 다시 한 번 말하지만 똑똑한 여성은 자신이 세상의 모든 일에 통찰력을 가질 수 없다는 것을 알기 때문에 모든 일을 명확하게 알려고 하지 않는다. 세상의 모든 일에 너무 속속들이 알려고 들면 자신의 눈을 아프게 할 뿐 아니라 마음도 지쳐서 결국 결혼생활에도 피로를 느낄 것이다. 따라서 결혼생활이 정상적인 궤도에서 벗어나지 않는 한 작은 일은 모른 척 그냥 넘어갈 줄도 알아야 한다. 지금까지 한 번도 모르는 척 넘어간 적이 없다면 지금부터라도 시도해보자. 아마도 한두 번 하다 보면 이런 '모르는 척'하는 생활에 매력을 느끼게 될 것이다.

상대방의 친절함을
느끼지 못하는 이유

"내가 얼마나 공을 들여서 잘해줬는데, 어떻게 하나도 모를 수가 있지?" 많은 여성이, 거의 모든 여성이 하는 말이다.

그렇다. 우리는 항상 상대방에게 '그가 원하는 것'이 아니라, '우리가 주고 싶은 것'을 준다. 사과를 먹고 싶어 하는 사람에게 바나나를 주는데, 어떻게 상대방이 자신을 위한다고 생각할 수 있을까?

어쩌면 당신은 당신이 주고 싶은 것과 원하는 것을 그에게 주었다는 사실을 깨닫지 못했을 것이다. 일반적으로 당신의 욕구는 당신의 선호와 열망을 나타내며 삶의 모든 측면에서 반영된다. 예를 들어 다이어트를 하려면 하루 세 끼 닭가슴살과 샐러드로 식사를 대체하게 되고, 과일을 먹고

싶으면 좋아하는 과일을 잔뜩 사가지고 오면 된다. 이렇게
자신의 욕구를 만족시키는 과정에서 그가 당신과 같은 욕구
를 가지고 있는지 생각해보았는가? 만약 그가 다이어트 식
단을 원하지 않고 당신이 사 온 과일이 그가 좋아하는 것이
아니라면, 그를 위해 다른 식사를 준비하고 그가 좋아하는
과일을 사 와야 한다. 그렇게 해야 두 사람의 욕구 모두를
충족시킬 뿐 아니라, 그도 자신을 향한 당신의 사랑을 느낄
것이다.

또한 일반적으로 남성들의 욕구는 여성들처럼 물질적이
지 않다. 사회적 지위를 가진 남성이라도 가정에서 또 다른
격려와 존중을 받고 싶어 한다. 그때 당신이 보내는 칭찬과
존경은 그의 자신감과 의욕을 충만하게 하고 가족을 위해
더 많은 헌신을 하게 할 것이다. 또 그에게 보여주는 신뢰는
그를 만족시키고 행복하게 만들 것이다. 남성에게 무엇인가
를 해주는 것이 반드시 물질적이어야 할 필요는 없다. 때로
는 입에서 나오는 말처럼 작은 노력으로 더 큰 효과를 얻을
수 있다. 가정에 대한 헌신을 인정하고 사회적 활동에 대한
신뢰를 보이는 것 모두 좋은 방법이다.

실제로 모든 남성이 원하는 바가 다르기 때문에 다음 세
가지 방법을 통해 확인해 볼 수 있다. 첫째, 음식이나 옷, 스

포츠나 취미 등 평소에 그가 좋아하는 것을 관찰한다. 둘째, 그의 속마음에 귀 기울인다. 두 사람이 함께 있으면 많은 비밀 이야기가 오고 갈 텐데 그의 말 속에서 진정 원하는 것이 무엇인지 알 수 있다. 비행기 멀미가 심한 그가 또 출장을 가게 됐다면 출발하기 전에 미리 멀미약을 준비해 주거나 하는 것이다. 셋째, 시행착오를 통해서 그가 원하는 것을 파악할 수 있다. 오늘 한 요리를 그가 별로 좋아하지 않는 것 같으면 다음에는 그 요리를 하지 않으면 된다.

이 외에 두 가지 더 주의할 점이 있다.

첫째, 과도한 배려는 금물이다. 당신은 당신의 절대적인 배려와 헌신이 그에 대한 사랑의 표현이라고 생각하겠지만 너무 지나치면 그 또한 부담으로 작용해서 숨을 쉬지 못할 정도로 답답해하거나 점점 당연한 것으로 받아들여서 당신의 배려를 무시할 수도 있다. 상대방에 대한 두 사람의 노력은 어디까지나 공평해야 하며 균형을 이룰 줄 알아야 한다. 평소 휴일이나 기념일, 생일은 상대방에게 마음을 표현할 수 있는 절호의 기회이므로, 이때 특별하게 대해 주고 마음을 써 주는 것도 좋은 방법이 될 수 있다. 또한 일상생활에서 자신이 원하는 것을 충족시키면서 상대방의 욕구를 들어주는 것이 바람직하다.

둘째, 가끔은 상대방에게 아무것도 해주지 않는 것이 무

언가를 해주는 것일 수 있다. 당신을 향한 상대방의 배려에 고마움을 전하는 것이야말로 최고의 보답이다. 어쩌다 한 번 상대방이 정성껏 준비한 깜짝 이벤트에 어떻게 보답해야 할지 속으로 고민하지 말고 그 순간에는 그저 그의 말에 귀를 기울이고 그가 당신을 위해 준비한 모든 것을 충분히 느끼기만 하면 된다. 당신의 기쁨과 감동은 그에게 줄 수 있는 최고의 보답이며, 이것은 그에게 이 모든 일을 할 만한 가치가 있다고 느끼게 한다.

상대방이 당신의 노력과 배려를 무시한다고 더 이상 고민하지 말자. 그가 원하는 것이 아니라 '당신이 주고 싶었던 것'을 주었다는 사실을 깨닫고 위에서 이야기한 내용들을 인지하고 나면 '사과를 먹고 싶은 사람은 사과를 먹고, 바나나를 먹고 싶은 사람은 바나나를 먹으면 된다'는 마음으로 화합과 사랑이 넘치는 완벽한 관계로 거듭날 수 있을 것이라 믿는다.

그가 달라졌다,
남성의 변심

어느 날 내 친한 친구는 자신의 남자친구가 변했다며 불만을 토로했다. 왜 그렇게 생각하는지 이유를 물으니, 남자친구가 돈을 너무 안 쓰고 심지어 아까워하기까지 해서 그가 정말 자신을 사랑한다는 느낌을 받지 못하겠다고 했다. 나는 친구에게 다시 물었다. "둘이 진지하게 만나기 전에는 돈을 잘 썼어?" 친구는 한참을 생각하더니 대답했다. "그때도 적게 쓰긴 한 것 같아." "그럼 돈을 잘 안 쓰는 건 똑같은 거네. 그때는 아무렇지 않다가 지금 와서 왜 문제가 된 거야?" 친구는 아무 대답도 하지 않았다. 사실 대답은 간단하다. 상대방은 변함이 없는데, 두 사람이 사귀는 과정에서 친구의 욕구가 변한 것뿐이다. 상대방이 당신의 욕구를 충족시킬 수 없을 때 당신은 상대방이 변했다고 느끼게 된다.

매슬로(Abraham Harold Maslow)의 욕구 단계 이론은 인간의 욕구를 다섯 단계로 나누는데, 하위단계에서 상위단계로 계층적으로 배열되어 하위단계의 욕구가 충족되어야 그다음 단계의 욕구가 발생한다. 이때 이미 충족된 욕구는 부차적인 단계로 밀려나 행동의 동기요인이 될 수 없다. 내 친구의 남자친구는 가정형편 때문에 돈을 아껴 자신을 위해 소비를 하는 것은 꺼려도 여자친구에게는 그래도 때때로 작은 선물을 하곤 했다. 그 당시 친구는 남자친구의 성격에 끌렸는데, 언제나 사람들과 금방 친해지고 잘 어울리는 성격에 매력을 느껴서 그와 교제하기로 결정했다. 비록 그가 돈을 잘 쓰지 않았지만 그녀 역시 아쉬운 게 없었고 필요하면 스스로 사면 그만이라고 생각했다. 그래서 당시만 해도 그런 점이 고민되지는 않았다. 그러나 시간이 흐를수록 그녀의 욕구는 점점 경제적 욕구로 변해가기 시작했고, 남자친구가 자신을 위해 기꺼이 돈을 씀으로써 자신에 대한 사랑이 증명된다고 생각했다. 지금 이러한 욕구가 충족되지 않기 때문에 두 사람 사이에 갈등이 발생하는 것이다.

두 사람 사이에 심리적 갈등이 생기는 이유는 대부분 욕구불만 때문인데, 주로 다음과 같은 형태로 나타난다.

첫째, 자기 가치를 인정받지 못해 자존심이 상한다. 예를 들면, 상대방이 집안일을 도와주는데 당신이 보기에 깨끗하게 하지 못하는 것 같아서 "내가 이럴 줄 알았어."라고 말한다면 상대방은 매우 당황하고 말 것이다. 둘째, 일방 혹은 쌍방 모두의 성적 욕구가 충족되지 않는다. 셋째, 일방 혹은 쌍방의 위로나 배려의 욕구처럼 정당한 감정적 욕구가 충족되지 않는다. 넷째, 경제적 욕구가 제대로 충족되지 않는다. 여러 가지 이유로 지출이 너무 많거나 지나치게 사치를 즐겨서 정상적인 생활이 보장되지 않고, 일방 혹은 쌍방 모두 재정적 자원이 없는 경우가 그렇다. 다섯째, 여가와 취미 등 쌍방의 욕구와 흥미가 너무 다르다.

두 사람 관계의 안정성은 욕구의 충족 여부에 달려있다. 두 사람 모두 서로가 원하는 것이 충족되었다고 생각하면 외로움을 느끼거나 관계가 소원해졌다는 생각은 하지 않을 것이며, 이 관계는 쉽게 안정을 찾아간다. 반대로 두 사람 중 한 사람이라도 원하는 것이 충족되지 않았다고 느끼면 부정적인 감정을 느끼기 쉽고 다툼과 갈등을 피할 수 없다. 따라서 상대방에게 불만이 생겼을 때는 어떤 욕구가 충족되지 않아서 불만이 생긴 것인지 먼저 생각해 볼 필요가 있다. 자신이 무엇을 원하는지 알면 상대방과의 소통도 훨씬 원활해진다. 이것은 목적 없는 다툼보다 훨씬 효과적일 것이다.

당신의 사랑을
강요하지 마라

사랑에 빠지면 눈이 멀어버려 자칫 잘못하면 '내가 당신을 이만큼 사랑하니까, 당신도 날 그만큼 사랑해야 해!'라는 오류에 빠지고 만다. 만약 당신이 사랑하는 만큼 상대방이 당신을 사랑하지 않는다고 느끼면 화가 나고 불만을 갖게 될 것이다. 그러니 당신의 생각에 무리가 없는지 곰곰이 생각해보자. '내가 당신을 사랑하니까, 당신도 나에게 동등한 사랑을 줘야 해!' '내가 당신에게 잘해주니까, 당신도 나만큼은 해야 해.' 솔직히 이런 생각은 너무 심하지 않은가?

내 친구는 남자친구와 3년 정도 사귀었는데, 남자친구를 너무 좋아한 나머지 그의 생일을 축하하기 위해 수업까지

빼먹고 그가 있는 도시로 향한 적도 있다. 단지 남자친구와 오래 함께 있기 위해서 수업도 포기한 것이다. 그런데 그녀는 기분이 좋지 않을 때가 많았다. 그녀는 남자친구가 자신의 생일에 깜짝 방문하거나 게임을 포기하지 않았기 때문에 자신을 그만큼 사랑하지 않는다고 생각했다. '내가 너한테 얼마나 잘해줬는데, 왜 너는 나에게 똑같이 잘해주지 않는 거야?' 그녀는 이 생각을 떨칠 수가 없었다. 그녀의 이런 부정적인 생각은 굉장히 잘못된 것이다. 사랑에는 '내가 상대방에게 해준 만큼 똑같이 돌려받아야 한다'라는 표현 자체가 존재하지 않는다. 당신이 이런 생각을 갖고 있다면 당신의 사랑은 강요가 되고, 기브 앤 테이크(Give and Take)처럼 이익을 교환하는 수준에 멈추게 된다. 당신은 순수하게 그를 사랑하는 것이 아니라 그저 동등한 대가를 원하는 것뿐이다.

몇몇 여성들은 이별을 겪고 나면 무기력해져서 삶의 기쁨을 잃었다고 느끼는데, 가장 큰 이유는 바로 자신의 사랑과 애환까지도 상대방에게 강요하고 있기 때문이다. 여성들은 그가 자신의 사랑을 받았기 때문에 당연히 자신을 사랑해야 하고 자신을 버려서는 안 된다고 생각한다. 심리학에서는 이러한 잘못된 생각을 '비합리적 신념', 즉 개인의 마음속에 있는 비현실적이고 비논리적이며 결코 성립될 수 없는 생각이라고 본다. 그것은 사람들의 생각과 감정에 영향을 미치고 정상적인 삶의 질을 방해할 수 있다.

그렇다면 '합리적 신념'이란 무엇일까? 심리학자들은 합리적 신념은 삶에 대한 '이해'와 '유연함'을 가진 신념이라고 말한다. 현실 세계의 다양한 가능성을 더 많이 '이해'하면 현실 세계와 삶에 대해 깨달을 수 있다. 우리 삶은 수학처럼 정해진 답만 있는 게 아니라 다양한 답이 있을 수 있고, 그 답은 사람마다 다르다. 사랑하는 사람과 다투면 '나한테 화가 나서 더 이상 날 좋아하지 않을 거야.'라고 생각하는데, 이것은 비합리적 신념이다. 반면에 합리적 신념은 '그가 나에게 화가 난 건 아마도 그때 기분이 나빴거나 내가 좀 심하게 대해서 그런 걸 거야.'라고 생각하는 것이다. 다툼이라는 한 가지 사건으로 그를 부정해서는 안 된다.

그렇다면 '유연성'이란 무엇일까? 그것은 일이 생각보다 순조롭게 진행되지 않더라도 갈등이 해소될 수 있다는 사실을 아는 것이다. 문제가 생겼다고 해서 모든 게 엉망이고 구제불능이라고 생각하면 안 된다. 예를 들어 화가 난다고 말다툼을 하고 며칠 동안 안 봤다고 더 이상 관계를 지속할 수 없다고 여기는 것은 옳지 못한 생각이다. 갈등은 얼마든지 해결할 수 있다는 것을 알아야 한다. 무슨 일이든 갈등과 좌절은 존재한다. 여기서 우리가 할 일은 돌이킬 수 없다는 생각에 쉽게 포기해버리는 것이 아니라 그것을 해결하는 일이다.

합리적 신념은 세상을 어떻게 살아갈지 결정짓고, 비합리적 신념은 항상 부정적인 감정의 반응을 일으킨다. 그러므로 내면의 비합리적 신념을 버리고 합리적 신념을 세우도록 하자.

4장

사랑의 달콤함에서
깨어날 수 있을까?

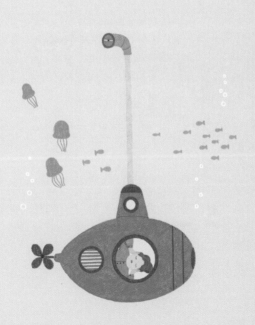

여성은 남성을 다스릴 수 있는
두 가지 무기를 가지고 태어난다.
하나는 눈물이고,
다른 하나는 애교다.
이 두 가지만 있으면
남성을 항복시키는 건 시간문제다.

혼자 있고 싶을 때

많은 커플이 갈등이 생기면 바로 냉전에 돌입해서 문제를 해결하려고 한다. 냉전에 휘말린 사람은 침묵으로 일관하는 상대에게 어떻게 해야 할지 몰라서 쩔쩔매고, 냉전을 시작한 사람은 교만의 껍데기 속으로 쏙 들어가 버리고는 속으로 벼르고 있다. 냉전에 들어간 사람은 대체 무슨 생각을 하고 있는 걸까? 이 냉전은 어떻게 끝낼 수 있을까? 지금 한창 냉전을 치르고 있는 사람들의 마음을 알아보도록 하자.

단도직입적인 의사소통을 좋아하는 사람들은 냉전을 견디지 못하는데, 이미 일어난 갈등을 냉전으로 대처한다는 것이 날카로운 말로 싸우는 것보다 그들을 더 화나게 한다.

여기서 또 다른 갈등이 생기는데, 가장 큰 원인은 두 사람이 외부와 호흡하는 방식이 다르기 때문이다.

냉전을 싫어하는 사람들은 능동적이고 적극적이며, 태양 에너지 판처럼 외부와의 상호작용을 통해 에너지를 얻는다. 그들에게 감정을 표현하고 반응을 요구하는 과정은 그들이 외부로부터 에너지를 얻는 과정이자, 갈등을 해결하는 과정 이기도 하다.

냉전을 일으키는 사람들은 몸 안에 배터리가 설치되어 있어서 평온함으로부터 에너지를 얻는다. 이들은 적극적인 사람에 비해 감정표현에 약한 편이고 되도록 갈등을 피하고 싶어 한다. 강하게 감정표현을 하고 나면 에너지가 다 소진되어 아무것도 하고 싶지 않고 그냥 혼자 있고 싶어진다. 그런데 이때 상대방이 계속해서 감정표현과 반응을 요구하는 행동을 보이면 당황할 수밖에 없다. '뭐지? 나는 이미 방전됐는데, 넌 끝낼 줄을 모르는구나! 아, 나도 모르겠다. 혼자만의 시간이 필요해!'

냉전에 들어간 사람은 더 이상 정보를 처리할 능력이 없는 상태이기 때문에 아무런 반응을 얻지 못한 상대방은 점점 기분이 나빠지고 그렇게 갈등이 다시 격해지면서 본격적인 냉전 상태로 돌입하게 된다.

성격적인 요인 외에 사랑에 대한 소심한 태도도 냉전의 기폭제가 되기도 한다. 당신은 억울해 죽겠는데 상대방이 위로는커녕 자신의 슬픔을 이해해주지 못하면 홧김에 상대방을 외면해버린다. 그러면 상대방은 자신이 무시당한다고 느낄 수 있다.

심리학자들의 연구에 따르면 친밀한 관계에서는 힘의 불균형이 존재하며, 상대방에게 더 의지하는 사람이 더 많은 감정을 소모하는 것으로 나타났다. 냉전 중인 두 사람은 상대방이 자신을 사랑하면 먼저 냉전을 끝낼 거라고 생각한다. 냉전은 이미 연인 관계에서 우위를 선점하기 위한 싸움이 돼버렸다. 보통 우리는 관계의 우위를 선점하기 위해 내면에 상처를 입더라도 순순히 양보하지 않는다.

냉전 중에 홧김에 헤어지지 않으려면 누군가 먼저 화해를 청해야 한다. 결국 갈등은 해결되겠지만 냉전 중에 서로에게 입힌 상처는 쉽게 지울 수 없다. 여러모로 냉전은 갈등을 해결하는 좋은 방식이 아니다. 냉전의 경험이 있는 사람이라면 그것이 얼마나 소모적인 일인지 알게 될 것이다. 마음 한구석에 자리 잡은 분노와 실망, 상대방이 반응해주길 기대하는 초조함을 혼자 삭이는 것은 마음과 몸을 극도로 지치게 한다. 무엇보다 잦은 냉전은 상대방으로 하여금 당신과 함께 하는 일이 너무 힘들고 차라리 헤어지는 게 낫다는 생각을 하게 한다.

　성격적 차이를 차가운 폭력의 구실로 삼을 수는 없다. 정말 관계를 유지하고 싶다면 반드시 적극적인 의사소통이 뒤따라야 한다. 이것은 성숙한 사람이 가져야 하는 태도이다. 냉전으로 서로의 감정을 소모하기보다 두 사람이 적극적으로 소통하고 대화하는 것이야말로 갈등에 대처하는 최선의 선택일 것이다.

걸핏하면 다투는 두 사람

"선생님, 저는 남자친구와 걸핏하면 싸워요. 처음부터 싸울 생각은 없었는데, 제 자신이 제어가 안 돼요."

"남편이랑 저는 스타일이 비슷한데, 둘 다 화나게 하는 말을 잘해요. 그런 말이 오가다 보면 서로 섭섭해지고 화가 날 때도 있어요."

나는 이와 유사한 경우를 많이 봐왔다. 이런 경우 주요 원인은 대부분 하나로 귀결되는데, 그것은 바로 '소통'의 문제다. 우리는 '효과적인' 의사소통이 관계에서 얼마나 중요한 역할을 하는지 잘 알고 있다. 원만한 의사소통은 서로의 감정을 교류에서만 그치지 않고 오해를 풀 수 있게 도와줘 서로를 더욱 소중히 여기도록 한다.

그런데 왜 앞에 '효과적인'이라는 수식어를 붙인 것일까? 사랑하는 사람과의 의사소통은 조금만 신경 쓰지 않으면 정상궤도를 이탈해서 어느새 다툼으로 번지거나 의도적으로 상대방의 기분을 거스르는 말을 하게 된다. 그때부터 의사소통은 피곤한 일로 전락하는 경우가 많은데, 결국 두 사람 모두 기분이 상하고 소통하고 싶은 마음도 자연스럽게 사라진다.

알고 보면 효과적인 의사소통은 매우 간단하다. 다음 두 가지만 주의하면 된다.

첫째, 짜증을 내는 것보다 솔직한 감정을 말하는 것이 낫다. 아마도 당신은 '내 모든 말과 행동에 내 진짜 감정이 담겨 있는데, 설마 못 느끼겠어?'라고 생각할지도 모른다. 사실 당신이 극도로 화가 났을 때 상대방은 오로지 당신의 분노와 말에만 집중하거나 그저 침묵으로 일관하면서 어떻게 하면 그대로 돌려줄 수 있을까만 생각하기 때문에 당신이 감추고 있는 진실이나 암시를 그 순간 알아채기 힘들다.

따라서 상대방의 행동이 옳은지 그른지 생각하기보다는 상대방의 행동이 당신에게 미치는 감정에 초점을 맞추는 것이 좋다. 이렇게 하면 갈등과 다툼을 상당 부분 피할 수 있을뿐더러 다른 한편으로 오랫동안 응어리졌던 묵은 감정을 풀어내고 상대방이 왜 이런 행동을 했는지 이해하는 데 도움이 되기도 한다.

경청과 이해는 그를 향한 당신의 관심과 사랑을 느끼게 해준다. 당신의 남편이 저녁에 회식이 있는데, 깜박하고 미리 알려주지 못했다고 하자. 전화도 문자도 연락이 되지 않아 당신은 초조하게 기다리고 있다. 한밤중이 돼서야 그는 술에 잔뜩 취한 채로 집에 돌아왔다. 당신은 남편이 신발을 벗기도 전에 온갖 잔소리를 퍼붓기 시작한다. 자연스럽게 말다툼으로 번졌고, 결국 두 사람 모두 마음이 편치 않게 됐다. 하지만 방법을 바꿔보면 어떨까? 그가 집에 들어오면 "왜 이렇게 술을 많이 마셨어. 벌써 12시가 넘었는데, 얼마나 걱정했는지 알아?"라고 먼저 물어보자. 그러면 그도 자신의 잘못을 인정할 것이고 갈등도 자연스럽게 피할 수 있다.

둘째, 요구가 아니라 '요청'하는 법을 배우자. "너 이렇게 해야 돼!" "가서 이거 해!"라는 표현이 자주 오가다 보면 듣는 사람은 기분이 상할 수도 있다. 그리고 이런 표현들은 마치 명령처럼 들리기 때문에 듣는 사람은 누구든지 불쾌함을 느낄 것이다. 상대방이 아무리 가까운 사람일지라도 항상 요구만 받는다면 불만이 쌓이고 다툼이 생기기 쉽다.

하지만 요청으로 바꾸면 상황은 확 달라진다. '플리즈 (Please)'라는 단어만 하나 추가했을 뿐인데 말투가 달라진다.

표현도 그렇게 강해 보이지 않아서 오히려 그의 도움이 필요한 것처럼 보이고 쉽게 거절하기 어렵다. 사람들은 요구를 받을 때보다 이러한 요청을 기꺼이 받아들인다. 사랑하는 사람끼리도 예의를 갖추고 부드러운 말투로 말하면 상대방의 감정도 한결 편안해지고 갈등과 다툼은 점점 줄어들 것이다.

사랑하는 사람과
싸우는 방법

두 사람이 함께 지내다 보면 아무리 사이가 좋아도 서로 의견이 맞지 않거나 갈등이 발생하는 경우가 많은데, 이럴 때 다툼은 사실상 불가피하다. 그러나 같은 다툼이라도 사람에 따라 그 결과는 완전히 달라질 수 있다. 어떤 커플은 다툼 끝에 서로 감정이 상해서 결국 헤어지기도 하고, 또 어떤 커플은 다투면 다툴수록 관계가 돈독해져 다툼을 감정을 조절하는 수단으로 사용하기도 한다. 그렇다면 갈등이 생겼을 때 어떤 점을 주의해야 서로의 감정이 상하지 않을 수 있을까?

모두에게 선망의 대상인 사랑도 자극, 가치, 역할의 3단계를 거친다. 처음에는 상대방의 외모와 행동, 성격에 끌린다. 서로에게 호감을 가진 두 사람은 사랑에 빠지기 시작하고, 이때 공통 관심사와 취미는 관계를 유지하는 데 매우 중요한 역할을 한다. 여기서 관계가 더 발전하면 두 사람에게는 상호 양보가 필요하며, 심지어 자신을 변화시켜야 할 수도 있다. 그러면 최종적으로 적응 단계에 도달할 수 있다.

서로 적응하는 단계는 사실 두 사람이 자신의 원래 성격을 어느 정도 바꾸는 과정이다. 어릴 때부터 줄곧 유지해온 자신의 태도를 다른 누군가를 위해 갑자기 바꾸는 일은 결코 쉬운 일이 아니다. 또 그 과정에서 갈등이 빚어질 수밖에 없는데, 이런 갈등이 쌓이다 보면 관계는 언제라도 깨질 수 있다.

이때 나는 차라리 다투는 것도 나쁘지 않다고 생각한다. 일부 사람들은 다툼이 관계를 더 복잡하게 만들지 않을까 하는 의문을 갖기도 하지만 사실 전혀 그렇지 않다. 다툼은 상대방에게 자신의 생각을 알릴 수 있는 하나의 표현 방식일 뿐이다. 많은 사람이 '절대 싸우지 않기!'라는 목표를 세우지만 나는 그것이 최선이라고는 생각하지 않는다. 적당한 수준의 말다툼 정도는 관계에 해롭지 않다. 서로에게 상처가 되지 않도록 제대로, 올바르게 다투는 것이 관건이다.

다툼에서 가장 중요한 점은 자기 자신뿐만 아니라 상대방도 존중해야 한다는 것이다. 하지만 많은 사람이 그렇게 하지 못하고 상대방에게 "어떻게 이걸 잊어버릴 수가 있어?" "너 제정신이야?"와 같은 공격적인 언어로 비판한다. 이것은 본질적으로 자신을 상대방보다 높은 위치에 두고 하는 상대방에 대한 모욕으로 상대방의 자존심을 심각하게 손상시킬 수 있다.

자존심은 사람들이 평소 아무 생각 없이 말하는 개념이지만, 그것은 인간 생명의 심리적 근원으로, 이를 통해 인간의 삶은 건강한 발전과 완벽을 유지할 수 있다. 사람들은 누구나 대중 앞에서 좋은 이미지를 유지하기 원하는데, 이를 유지하는 내재적이고 심층적인 심리 메커니즘이 바로 자존심이다. 다툼이 생겼을 때 상대방의 자존심을 상하게 하면 상대방의 마음속 깊은 곳까지 상처를 입히게 되는데, 이는 누구라도 감당하기 힘든 일이다.

남성은 자존심이 상하면 이를 회복하기 위해 여성에게 책임을 전가하고 여성을 비판하며 자신을 방어한다. 이뿐만 아니라 남성은 자기방어 차원에서 여성을 멸시하고, 여성을 멸시하는 방식으로 자신을 높이려 한다. 말다툼이 더 커지면 남성은 화를 내며 자리를 피하고 침묵으로 항의할지도 모른다. 이런 침묵은 관계를 해치는 최악의 방법이다.

그렇다면 올바르게 싸우는 방법은 무엇일까? 간단히 말

하자면, 먼저 상대방이 잘못한 이유와 행동에 대해 말해주고 그에 따른 결과와 관계에 미친 영향을 분석하는 것이다. 그리고 마지막으로 자신의 생각을 말하는 것이다.

살다 보면 사소하게 생기는 일들이 너무 많다. 그런데 상대방이 부탁한 일을 잊어버리거나 약속을 지키지 않았다고 시시비비를 가리지도 않고 무조건 따지다 보면 결국 팽팽한 설전으로 이어질 때가 많다. 우리 모두는 이런 비이성적인 태도를 버리고 대화하는 법을 바꿔야 한다. 예를 들어, "세탁기에 세탁물을 제때 넣지 않으면 나중에 빨래를 한 번 더 해야 해. 그럼 물을 낭비하게 될 거고 매번 수도 요금을 볼 때마다 깜짝 놀랄 거야."라고 말해보는 것이다. 차라리 한바탕 싸우고 마는 게 구구절절 말하는 것보다 나을 수도 있지만 단순하고 거친 인신공격이나 속에 있는 분노를 터트리고 싶은 것에 비하면 훨씬 낫다.

따라서 상대방과 갈등이 생겼을 때 감정을 다스리고 관리할 줄 알아야 두 사람 사이에 심각한 상처가 생기는 것을 막을 수 있다.

그런데 다투기 시작하면 화가 나서 위에서 말한 방법은 전부 잊어버리고 상대방이 자신의 말을 잘 들어주길 바랄 뿐이다. 사실 상대방이 당신의 말을 듣게 하는 것은 별로 어렵지 않다. 아래 몇 가지 방법을 참고해보길 바란다.

첫째, 관계 속에서 경청하고 이해하는 법을 배우자. 두 사람 모두 싸울 때 상대방의 요구를 들어줘야 한다는 건 잘 알고 있지만 실상은 조금 다르다. 퇴근한 남편은 직장 내 업무 스트레스가 심하다고 불평을 하고 아내는 집안일을 하느라 정신이 없다. 상대방의 하소연에 "응."이라는 대답뿐, 실제로는 듣지 않는 경우가 더 많다. 그러나 상대방은 당신의 이해와 관심을 원하기 때문에 "힘들겠다. 고생이 많아."라는 한 마디면 욕구가 충족되고 당신이 무슨 말을 하든 "날 이해해주지도 않으면서 내가 당신 말을 듣길 바라는 거야?"라는 삐뚤어진 태도를 취하기보다 당신을 이해하려 할 것이다.

둘째, 자신의 비합리적 신념을 조정하자. 상대방이 자신의 말을 듣길 바라는 이유는 당신의 말을 들어주는 것과 그 사람이 당신을 사랑하는 것을 동일하게 인식하기 때문이다. 만약 당신이 한 말을 상대방이 무시하거나 모른 척한다면 '내 말에 신경을 안 쓰는 건가? 왜 내가 한 말을 듣지 않는 걸까? 날 사랑한다면 당연히 내 말을 들어줘야 하지 않을까? 날 사랑하지 않나?'라는 의심을 하게 된다. 그러나 이것은 너무 강압적인 요구사항이다. 누구나 자기만의 생각과 의견이 있기 때문에 상대방에게 어떤 행위를 하도록 요구할 수 없다. 문제는 당신의 이런 요구사항이 받아들여지지 않으면 기분이 상하거나 원망스러워서 쉽게 감정이 상할 수 있다는 점이다.

셋째, 당신의 욕구를 합리적으로 표현하자. 의사소통 과정에서 당신의 태도와 말투는 다른 사람이 당신의 말을 들을지 말지 결정하게 만드는 요소 중 하나다. 남편이 하루가 멀다 하고 야근을 하면 당신은 내심 그가 일찍 퇴근해서 같이 시간을 보내길 바라지만 속마음과 다르게 말을 하게 된다. "어떻게 매일 야근이야? 회사가 그렇게 좋아? 당신한테 가정이 있는 건 알지?" 이 말을 들은 상대방의 첫 번째 반응은 "내가 누구 때문에 야근까지 하면서 이렇게 고생하는데!"일 것이다. 이런 식으로 대화가 이어지다 보면 결국 싸움으로 확대된다. 처음부터 이렇게 말해보면 어떨까? "매일 야근하느라 힘든 거 아는데, 나도 당신이랑 같이 있고 싶단 말이야. 회사에서 힘든 일이나 스트레스받는 일 있으면 꼭 얘기해줘, 알았지?" 그러면 상대방도 당신의 의견을 기꺼이 받아들일 것이다.

상대방이 당신의 말을 들어주길 바란다면 서로에 대한 이해를 높이고 당신의 요구사항을 합리적으로 표현하는 등 지혜로운 말로 서로의 요구를 완벽하게 충족시킬 수 있다. 안전하고 안정적인 관계는 상대방이 모든 일에 당신에게 순종하는 것이 아니라, 두 사람의 원만한 합의와 원활한 소통을 통해 유지된다.

　심리학에 '90 V 10'이라는 원칙이 있다. 우리가 괴로움이나 슬픔을 느낄 때 그중의 90%는 과거의 경험 때문이고, 현재 일어나는 일 때문에 기분이 좋지 않은 경우는 10%에 불과하다고 한다. 따라서 다툼이 발생할 때 화제를 확장하거나 과거의 일을 끄집어내는 것은 절대 금물이다. 누구든지 감정이 격해지면 무의식적으로 과거에 불편했던 사건이 떠오르기 때문에 말을 할수록 화가 나고 생각할수록 기분이 나빠진다. 그럴 때는 잠시 그 자리에서 벗어나는 것이 좋다. 벗어나는 것이 서로에게 또 다른 상처를 주지 않는 방법이다. 비겁하게 도망친다고 생각할 필요는 없다. 너무 감정적이 되거나 과거의 일을 들추지 않도록 유머러스한 방법으로 잠시나마 감정에서 멀어지도록 한다. 혹은 "좋아, 딱 20분 동안만 싸우자. 너 먼저 말해봐."라고 일정 시간을 제한하여 두 사람이 자신의 생각을 충분히 표현할 수 있도록 한다. 이때도 혼자 오래 이야기하거나 오래전에 있었던 일은 꺼내지 않는 것이 좋다. 한 사람이 이성을 지키면 다른 사람도 빨리 평정심을 되찾을 수 있다. 양쪽 모두 감정적이지 않아야 이 싸움의 위기를 무사히 넘길 수 있다.

　서로 비난하지 않고 상대에게 함부로 꼬리표를 붙이지 않는 것도 중요하다. 갈등이 생길 때마다 "너는 항상 이런 식이야." "왜 또 그러는 거야?"라는 말을 자주 하지 않는가? 사실 이런 비난과 꼬리표 때문에 갈등이 고조되는데, 상대방은 '단지 이 사소한 일 하나가 네 뜻대로 되지 않았을 뿐인데, 그동안 내가 했던 모든 일을 부정하다니.'라는 생각에 매우 실망할 것이다. 비난 대신 광범위한 표현으로 접근하는 것이 낫다. "내 생각은 이런데, 너는 어떻게 생각해?"라는 식으로 자신이 느낀 감정을 많이 말하고 상대방에 대한 판단은 적게 말하는 것이 좋다. 처음부터 끝까지 짜증만 내다가 상대방이 해명이라도 하려고 하면 "나 안 들어, 안 들을래."라고 미성숙한 행동을 하는 대신 자신의 감정을 말하고 그 후에는 상대방이 이야기할 기회를 주도록 하자. 무엇 때문에 싸우는 걸까? 분명히 서로 간에 오해를 풀고 문제를 해결하기 위해서인데, 계속해서 싸우면 문제 해결은커녕 결국 상처만 남기게 될 것이다.

마지막으로 또 하나의 중요한 무기인 신체적 소통을 기억해야 한다. 때로는 언어적 소통만으로 상대방을 진정시키지 못할 때가 있다. 그렇다면 포옹을 해주거나 평소 두 사람이 친밀감을 표현하던 방식으로 위로해줄 수 있다. 보디랭귀지는 언제나 가장 강력한 소통 수단이다. 싸울 때마다 고슴도치처럼 온몸에 가시를 세우고 자신을 지키려고만 하면 두 사람은 영영 서로에게 다가갈 수 없다. 누군가 먼저 손을 내밀어 부드러움을 느끼게 해줘야 감동을 줄 수 있다. 부정적인 감정으로 가득 찬 상태라도 "나는 여전히 당신을 사랑하고 있어. 비록 많은 갈등도 있지만 그래도 여전히 사랑해."라고 말할 수 있다.

갈등보다 사랑이 더 중요하다. 갈등이나 다툼을 좋아하는 사람은 없다. 지금 기분이 좋지 않지만 두 사람의 감정과 비교할 수 없다. 두 사람이 만난 것도 쉽지 않은 일이지만 오랫동안 함께하는 것도 어려운 일이다. 갈등이 생겼을 때 가장 중요한 것은 관용을 배우고 모두가 받아들일 수 있는 방법을 찾아 문제를 해결하는 것이다. 사람마다 각자의 기질이 있지만 사랑에는 관용과 이해가 필요하다. 그래야 사랑이 오래 지속될 수 있다.

작은 애교만으로 상대방의 마음을 사로잡을 수 있다

여성은 남성을 다스릴 수 있는 두 가지 무기를 가지고 태어난다. 하나는 눈물이고, 다른 하나는 애교다. 이 두 가지만 있으면 그를 항복시키는 건 시간문제다. 여성의 애교는 항상 웃음 속에 묻어나는 수줍음과 수줍어하면서 살짝 치켜뜬 눈, 여기에 거부할 수 없는 말투까지 포함한다. 아직 와닿지 않는다면 이런 장면을 상상해봐도 좋다. 한 여성이 당신에게 일부러 살짝 삐죽거리며 두 손으로 당신의 팔을 살랑살랑 흔든다. 지금 그녀의 눈에 오직 당신밖에 없는 것처럼 반짝이는 커다란 두 눈으로 당신을 뚫어져라 바라보고 있다. 이런 애교에 어떻게 마음이 움직이지 않을 수 있겠는가?

애교가 많은 여성이 항상 더 사랑받는 이유는 남성의 만족감과 통제욕 때문이다. 여성의 애교는 남성 내면에 있는 남성우월주의를 만족시켜서 남성이 '그녀는 나를 필요로 하고, 그녀는 나에게 의존할 수밖에 없다'는 생각에 빠지게 한다. 사실 남성이라면 누구나 여성의 애교를 좋아한다. 그들은 "지금 나이가 몇 살인데 아직도 애교를 좋아해?"라고 말하지만 아이러니하게도 이렇게 말하는 것 자체가 그들이 애교 있는 여성을 좋아한다는 반증이다. 그러므로 혹시라도 당신과 남자친구 혹은 남편이 어떤 일로 갈등을 빚고 있을 때 약간의 애교로 냉랭한 분위기를 전환하는 것도 좋은 방법이다. "나한테 양보 좀 해주면 안 돼? 나 삐졌어, 이제 너랑 안 놀아!" 하고 입만 삐죽 내밀어도 엄청난 반응이 돌아온다. 그는 자신이 준비한 원리와 원칙은 다 버리고 당신을 향한 사랑과 충성으로 가득 찰 것이다. 또는 "자기야, 화내지 마. 내가 잘못했어, 한 번만 용서해줘." 이렇게 적당한 양보를 보이면 미안한 마음에 그는 더 이상 화를 내지 않게 되고 당신을 더욱 아끼게 된다.

애교가 가진 이점이 이렇게 많다면 우리는 언제 애교를 부리고, 또 어떻게 애교를 부리는 것이 좋을까? 애교를 부릴 때 주의해야 할 몇 가지 원칙을 이야기해보자.

첫째, 애교는 가끔 하면 재미지만 계속하면 까다로워 보일 수 있다. 상대방에게 계속 애교를 부릴 수 없으니 적당한 시기에 그만두는 것이 좋다. 상대방에게 애교를 부리는 것은 단지 그가 행동이나 말로 당신을 소중히 여기도록 하기 위해서지만 만약 그가 이미 어떻게든 표현을 했다면 그쯤에서 눈치껏 멈추도록 한다. 너무 지나치면 그는 당신이 비위 맞추기 힘든 사람이라고 생각할 수도 있다. 또 과도한 억지가 계속되면 아무리 애교여도 싫증을 느끼고 피곤해진다.

둘째, 애교가 언제, 어디서나 통하는 것은 아니다. 물론 서로 사랑하는 연인 사이의 애교는 개인적이고 은밀한 즐거움이지만 남자친구의 회사 송년회나 회식 같은 공식적인 자리에서 사업 파트너나 직장 상사를 만났을 때는 철없는 어린애처럼 애교로 눈길을 끌지 말고 우아하고 예의 바르게 행동해야 한다. 그런 자리에서 당신의 애교는 마냥 귀엽고 사랑스러워 보이지 않는다. 민망해지고, 자칫 잘못하면 반감을 살 수도 있다.

셋째, 모든 애교가 좋은 반응을 얻을 수 있는 것은 아니다. 어쩌다 상대방에게 애교를 부렸는데, 돌아오는 그의 반응은 차가울 수 있다. 만약 이런 상황을 마주하게 되면 얼른 상황을 판단하여 계속 이어가지 말고 빨리 자신의 감정을 가다듬고 아주 자연스러운 말투로 전환한다.

애교는 목소리만 한 옥타브 높이고 끝을 길게 끌기만 하면 된다고 생각하는 여성들이 많다. 그러나 사실 애교는 매우 학문적이며 기술과 노하우도 다양하다. 애교가 있어야 애교가 주는 감정의 따스함을 진정으로 느낄 수 있다. 그러니 애교가 넘치는 여성이 되자. 그러면 남성으로부터 더 많은 선의와 호감을 얻게 될 것이다.

애인 뒤에 숨어 있는
당신

혼자 있을 때도 매우 독립적이고 자신감 넘치는 여자가 있었다. 그녀 주변에는 항상 사람들이 많았다. 하지만 사랑하는 사람이 생기고 나자 그녀의 독립심은 온데간데없이 사라졌다. 특히 남자친구에 대한 의존도가 강해져서 더 이상 외부와 교제를 하지 않고 그와 함께 있으면서 완전히 자신을 내려놓았다.

아마 많은 사람이 이와 비슷한 경험을 한 적이 있을 것이다. 남자친구가 생긴 후부터는 혼자 할 수 있는 일이 줄어들고 스스로 해결하는 능력이 사라진 것 같은 느낌이 드는데, 사실 이것은 우리 내면에 '어린아이'가 존재하기 때문이다. 심리학에서 '내면아이(inner child)'는 당신과 나, 우리 마음속에 있는 천진난만하고 연약한 어린아이를 말한다. 특히 어렸을 때 부성애나 모성애가 결핍된 사람들의 내면아이는 타인의 보살핌을 더 갈망한다. 성인이 됐더라도 관심을 받지 못하면 순식간에 애교 넘치고 의존성이 강한 어린아이의 모습으로 퇴화한다.

그렇다면 이런 관계를 계속 유지할 필요가 있다고 생각하는가? 남자친구의 사업이 잘되다 보니 당신의 내조가 필요해져 앞으로 그의 뒤에 가려진 채 살아야 한다면 어떨까? 기꺼이 받아들일 수 있긴 하지만 자아실현을 할 수 있을지, 그동안 꿈꾸던 삶에 미련을 갖지 않을 수 있을지 끊임없이 되묻게 되고 선택의 기로에 서서 갈팡질팡한다.

사실 딱히 고민할 일도 아니다. 왜 꼭 남자친구 뒤에 숨어야 할까? 자신 있고 독립적으로 용감하게 성장해야 남자친구와 잘 어울리고 배우자와 가족을 제대로 돌볼 수 있는 여성이 될 수 있다. 사랑하는 사람 사이에 가장 바람직하지 않은 것이 독선적인 배려와 자기기만적인 도피라고 할 수 있다. 그렇다면 사랑 앞에서 어떻게 자신감을 키울 수 있을까?

첫째, 자신의 장점을 인식해야 한다. 자신감이 없는 여성은 종종 모든 영역에서 자신의 능력을 의심하고 자신이 가진 장점을 인식하지 못하는 경우가 많다. 그래서인지 자신에게 먼저 말을 걸어오는 남성이나 적극적으로 구애를 하는 남성이 없을 거라고 생각한다. 그들은 자신감이 없다 보니 분위기를 파악하지 못하고, 분위기를 파악하지 못하다 보니 더욱 폐쇄적으로 변해서 결국 또 한 번의 '솔로 탈출' 기회를 놓치고 만다. 하지만 사람마다 각자 다른 장점을 가지고 있다. 당신은 손이 예쁘거나 눈이 매력적일 수 있다. 아무리 자신감이 없어도 객관적이고 공정하게 자신을 인식하고 자신의 장점을 찾고 용감하게 고개를 들자.

둘째, 아직 일어나지 않은 일을 걱정하느라 자신을 긴장시키거나 도망치지 말자. 데이트 전날 밤, 당신은 내일 그를 만나서 무슨 영화를 볼지, 혹시라도 그가 손을 잡으면 어떡해야 할지 생각하느라 한껏 들떠있다. 그런데 막상 데이트 당일 그가 손을 잡지 않고 영화만 본다면 얼마나 창피할까? 자신감 없는 여성들은 이렇게 항상 일이 일어나기 전에 수없이 많은 결과를 생각한다. 최악의 결과가 나오면 결국 그 상황에서 도망치고 만다. 결국 데이트 상대만 덩그러니 남게 된다. 사실 데이트는 생각만큼 신성하지 않다. 단지 두 사람의 감정을 끌어올리기 위한 형식적인 방법에 불과하다. 데이트가 여전히 긴장된다면 관심을 돌려 친구나 가족과 이야기를 나누거나 자신과 대화하며 경계심을 풀어보자.

셋째, 실패했던 경험과 맞설 수 있는 충분한 용기가 필요하다. 사실 그러한 경험은 두려운 것이 아니라, 진정으로 당신을 성숙하게 만드는 필수 요소다. 아직 내려놓을 수 없다면 조용한 곳을 찾아가 감정을 토해내거나 고함을 질러도 좋다. 마음껏 소리칠 공간을 찾을 수 없다면 주변에 있는 친구를 찾아가자. 그들 앞에서는 억지로 웃을 필요가 없으니 완전히 자신을 내려놓을 수 있다. 그러면 훨씬 덜 고통스러울 것이다.

자신감을 가져라. 독립적으로 홀로 서는 것이야말로 우리가 가질 수 있는 가장 치명적인 매력이다. 사실 사랑에 빠진 여성들만 자신감을 가져야 하는 것이 아니라, 모든 여성이 자신감을 가져야 한다. 그래야 당신의 마음에 드는 사람을 매료시킬 수 있다.

바로 답장이 오지 않는다고
사랑을 포기하지 마라

친한 친구가 솔로에서 탈출했는데, 사랑에 푹 빠진 모습이 너무 아름다워 보였다. 그런데 얼마 지나지 않아 친구가 불안한 목소리로 전화를 해서 한참 동안 하소연을 했다. "설마 그가 날 사랑하지 않는 것은 아니겠지? 다른 여자랑 바람이 난 건 아니겠지? 아니면 정말 무슨 일이 생긴 건가? 별생각이 다 들어. 왜 바로바로 답장을 안 하는 걸까?" 연애 중에 다들 하는 고민인데, 남자친구가 제때 답장을 하지 않자 불안함에 사로잡힌 것 같았다.

'그 사람이 당신을 사랑하는지 아닌지는 그가 당신의 메시지에 얼마나 빨리 반응하는가를 보면 알 수 있다.' 아마 많은 여성이 이 말을 굳게 믿고 있을 것이다.

사랑에 빠진 남녀는 이래저래 걱정이 끊이지 않는다. 누구나 상대방에게 소중한 사람이 되기 원하고 100%의 관심과 보살핌을 받기 원한다. 그래서 누군가의 남자친구 혹은 여자친구라는 자체가 자신은 그 또는 그녀와 가장 가까운 사람이기 때문에 수시로 상대방의 행동과 동태를 파악할 권리가 있고, 이것은 매우 자연스러운 것이라고 생각한다. 그래서 상대방을 계속 추궁하면서 자신의 존재감을 확인하고 빠른 답장으로 자신을 향한 사랑을 증명해 보이라고 강요한다. 일단 한쪽에서 회신을 늦게 하면 상대방은 내심 자신의 사랑에 반응하지 않는다고 생각해서 불안이나 질투, 의심 등 부정적인 감정을 분출한다. 또 오랫동안 답장을 받지 못하면 이런 사실을 모르는 상대방의 무관심과 부족한 이해력에 더욱 힘들어져 결국 관계에 금이 가기 시작한다.

요즘 사람들은 내면의 공허함과 외로움을 달래기 위해 상대방에게 빠른 답장, 말 그대로 '칼답'을 요구하며 이것으로 자신의 존재감을 확인한다. 언제든지 단 몇 초 만에 당신의 메시지에 칼답을 보내는 사람은 당신이 사랑받고 주목받고 있다는 기분을 느끼게 해주기 때문에 설령 당신에게 실질적인 이익을 가져다주지 않더라도 항상 좋은 이미지를 가지고 있다.

그렇다면 과연 '칼답'은 누군가 당신을 사랑하는지 여부를 판단할 수 있는 기준이 되는 것일까? 소위 이성을 잘 유혹하는 남성은 휴대폰 하나로 당신을 포함한 여러 여성에게 동시에 메시지를 보낼 수 있다. 이렇게 하는 일 없이 입만 살아서 이성의 환심을 사는 사람이라도 정말 상관없을까?

오늘도 많은 커플이 서로의 메시지에 얼마 만에 답장을 보내는가의 문제로 갈등을 겪고 있다. 이는 상대방을 불신하고 안정감과 존재감이 부족하다는 표현이다. 안정감은 자신으로부터 나오는 것인데, 친밀한 관계라면 서로에게 신뢰를 주면서도 일정 거리를 유지해야 한다. 빠른 답장과 반응으로 상대방의 사랑을 판단하지 마라. 사실 행동이 칼답보다 더 중요하고 답장의 내용이 답장을 보낸 시간보다 더 중요하다.

차라리 생리통으로 힘들어할 때 따뜻한 물 한 잔을 건네주거나, 늦은 밤 당신을 위해 불을 하나 켜놓거나 추울 때 무심한 듯 옷을 걸쳐주는 것이 마음 없는 칼답보다 훨씬 좋다.

답장을 하지 않는다고 당신을 사랑하지 않고 신경 쓰지 않는 것은 아니다. 당신이 부모님이 보낸 메시지에 즉답을 하지 않는다고 해서 부모님을 사랑하지 않는 건 아니지 않은가? 따라서 이 문제도 생각보다 심각한 일은 아니다. 기다리는 시간 동안 계속 당신의 삶을 살아가면 된다.

연애 중인데도
불안한 이유

J와 남자친구는 대학교 때 처음 만났고 4년 동안 함께 하면서 변함없이 좋은 관계를 유지하고 있었다. 2004년 그녀의 남자친구가 대학원 진학을 위해 먼 지역으로 가게 되자, J는 그와 가까운 도시에서 일을 하기로 결정했다. 시간이 흐를수록 그녀는 남자친구의 인생관과 가치관이 바뀌고 있다는 것을 알게 되었다. 그는 어느 날 말다툼을 하다가 결국 그녀에게 평생 상처가 되는 말을 내뱉었다. "나도 조건 좋은 여자 만나서 편하게 살고 싶거든!" 그녀는 너무 마음이 아팠다. 결국 두 사람은 헤어졌다. 하지만 그동안 쌓아온 두 사람의 감정은 쉽사리 정리되지 않았다. J와 남자친구는 다시 만나기로 했지만 J는 그 사건을 잊을 수 없었다. 두 사람이

다시 만난 후에도 그녀는 항상 남자친구가 혹시라도 그녀에게 미안할 만한 일을 하는지 의심하느라 더 예민해지고 소심해졌다. 심지어 남자친구의 휴대폰을 몰래 훔쳐보거나 채팅 기록을 살펴보기도 했다. 남자친구는 화가 났다. 어쩌다 이렇게까지 된 건지 도무지 이해할 수 없었다. 사실 J의 이런 행동은 두 사람이 헤어졌다가 재회한 후에 생긴 불안함의 후유증 때문이다.

안정감이란 대체 무엇일까? 이것은 사람을 편안하게 해주고, 누군가 의지할 수 있고 믿을 수 있다는 느낌이다. 다른 사람들에 비해 항상 불안함을 느끼는 사람들이 있는데, 특히 감정적인 충돌이 생기면 더욱 분명해진다. 그들은 상대방이 언제라도 자신을 떠날지 모른다는 걱정과 자신에게 사랑을 보이지 않을까봐 걱정하기 시작한다. 사실 이 상황에서는 문제 자체가 당신에게 있기 때문에 사랑하는 사람이라고 해도 당신을 도와줄 수 없다. 상대방을 객관적으로 대하려면 당신 스스로 안정감을 찾아야 한다.

먼저 내면의 불안함을 인정하고 마주하는 법을 배워야 한다. 당신 스스로 다른 사람의 보살핌과 관심이 필요하다는 것을 인정하고 마음속의 진정한 감정을 마주하는 연습을 해보자. 그렇게 공존하다 보면 이런 감정들을 두려워할 필요가 없다는 사실을 알게 될 것이다. 두려움을 자꾸 피하면 불안감은 항상 당신을 따라다닐 것이다.

또한 더욱 효과적인 의사소통 방식을 표현하고 연습하도록 한다. 이것은 상대방이 당신의 감정과 행동을 더 이해할 수 있고, 다른 한편으로는 당신과 함께 이런 감정들을 직면하고 처리하는 데 도움을 줄 수 있다. 한 번 표현하고 나면 마음도 한결 편안해질 것이다. 상대방에게 자기 내면에 있는 불안함에 대해 공유하고 모든 행동이 불안함에서 비롯된 행동이라는 사실을 알려주는 이런 원활한 의사소통을 통해 두 사람은 불안 해소를 위해 함께 노력하게 될 것이다.

또한 자기만의 공간을 만들고 에너지를 충전할 줄도 알아야 한다. 안정감이 부족한 사람은 대개 내면의 에너지가 부족하기 때문에 내면의 에너지를 충족하기 위해 노력해야 한다. 자신만을 위한 시간과 공간을 갖고, 좋아하는 일을 하면서 혼자만의 시간을 즐기도록 한다. 좋아하는 일을 찾아서 몰입하게 되면 자신의 마음을 따라 조금씩 성장할 수 있고, 그만큼 내면도 강해져 불안함도 사라질 것이다.

마지막으로 안정감의 핵심은 사랑과 믿음이기에 자신을 사랑하고 믿는 것뿐만 아니라, 다른 사람도 사랑하고 믿을 줄 알아야 한다. 만약 사랑과 믿음이 충만한 관계에 있다면 힘들고 괴로울 때 누군가가 당신의 하소연을 들어줄 수 있고, 기쁘고 즐거울 때는 함께 나눌 수 있다. 당신의 결정을 무조건 지지해주는 사람들이 항상 주변에 있을 텐데, 불안함이 어떻게 계속 당신을 따라다닐 수 있겠는가?

갑자기 잠수 탄 그 사람,
어떻게 하면 좋을까?

이런 사람을 만나봤거나, 이런 상황을 겪어본 적이 있는가?
남자친구와 별것 아닌 일로 다퉜는데, 그가 갑자기 문을 쾅
닫고 나가더니 다시 돌아오지 않았다. 그 뒤로 전화도 안 받
고 감감무소식이다. 혼자 남은 당신은 화도 나고 어딘지 모
르게 서운한 마음도 든다. 그때부터 당신은 그의 태도를 추
측해보며 황당하고 걱정스러운 감정을 오가며 이 상황을 해
결할 수 있는 다양한 방법을 생각하느라 회사에서 일할 때
나 친구를 만날 때도 온전히 집중하지 못한다. 그런데 그렇
게 가버린 그는 평소와 다름없이 먹고 마시고 즐기며 무관
심으로 당신을 길들여서 갈등을 수습하려고 한다.

무관심을 이용한 갈등 해결은 자기도 모르게 이루어지는 경우가 많으며, 거의 대부분의 사람이 기꺼이 용서하고 크게 신경 쓰지 않는다. 그러나 무관심했던 당시의 상황을 떠올려보면 누구도 두 번 다시 겪고 싶지 않은 일이다. 어떻게 해결하고 예방할 수 있는지 떠올려봐도 막막하기만 하다. 이제 이런 무관심으로 감정을 소진하지 않도록 하는 방법을 알아보도록 하자.

첫째, 남성은 당신과 헤어질 마음으로 당신에게 냉담하고 무관심한 태도를 보인다. 이런 경우에는 먼저 인과관계를 따져보고 원인이 무엇인지 생각해본다. 예를 들어, 연애 공백기에 있던 그가 당신과 함께 있기로 선택했다는 것은 당신과 많은 시간을 보내겠다는 의미다. 그런데 요즘 새로운 사람이 나타났는지 그는 더 이상 당신에게 시간을 들이지 않으려고 한다. 그러나 좋은 사람이라는 이미지는 유지하고 싶다. 도덕적, 심리적으로 비난을 받거나 '쓰레기'라는 꼬리표는 달고 싶지 않다 보니, 비겁하게 무관심으로 일관하여 당신 스스로 떠나도록 무언의 강요를 하는 것이다.

이런 상황에서 여성들이 할 수 있는 최선의 선택은 헤어지는 것이다. 일부 여성들은 '그가 원하는 대로 해주는 것이 아니냐'고 물을 수도 있다. 맞다. 당신이 자진해서 관계를 끝내는 것이 그가 원하는 바와 완벽하게 일치하지만 당신에게는 자신의 삶에 대한 책임이 더 중요하다는 사실을 알아야 한다. 그와 바로 헤어지고 이유는 묻지 말자. 말 그대로 더 이상 사랑하지 않는 것이다. 그의 연락처뿐만 아니라 함께 했던 모든 추억을 지워버리자. 그에게 다시 연락하는 것만큼 어리석은 행동은 없다는 것을 명심해라. 이제 그와 관련된 모든 것은 기억 저편으로 보내버리자.

둘째, 평소 남자친구에게 계속해서 불평을 늘어놓는 경우다. 아픈 당신을 집에 혼자 뒀다고 불평하고, 다른 남자친구들처럼 로맨틱하지 않다고 불평한다. 이런 불평에 그의 행동을 비꼬기까지 한다면 그는 어쩔 수 없이 무관심으로 일관할 수밖에 없다. 그런 상황의 원인은 다른 사람이 아닌 자신의 문제라는 사실을 인지해야 한다. 그는 순간적으로 불평을 견디기 힘들었거나 감정이 북받쳐 말을 하고 싶지 않아졌고 결국 무관심, 무대응을 선택한 것이다.

평소 남자친구에게 지나치게 투정을 부리지 않았는지, 너무 무례하게 행동하지 않았는지, 설명할 기회조차 주지 않은 것은 아니었는지, 그의 입장에서 고민해본 적이 있는지 등을 진지하게 돌아볼 필요가 있다. 반성 후 자신이 느낀 문제를 그와 공유하며 진심으로 사과하고 앞으로의 개선 의지를 약속한다면 갈등은 자연스럽게 해결될 것이다.

셋째, 두 사람이 함께 있는 시간이 길어지면 권태기가 찾

아온다. 이때는 두 사람 모두 서로에 대한 열정이 식은 상태라 서로 마주 보고 있어도 특별히 할 말이 없어서 침묵만 흐르기도 한다. 이 시기를 잘 헤쳐 나갈 수 있는 가장 좋은 방법은 상호 간의 이해와 소통이다. 그러니 이 시기를 매우 심각한 사건으로 받아들이지 않아도 된다. 두 사람이 얼마간 떨어져 지내며 서로 개인적인 시간을 갖거나 각자 친구들을 만나고 가족과 시간을 보내도 좋다. 그사이에 가끔 전화 통화로 안부를 물으며 서로를 향한 그리움을 이야기하다 보면 심적으로 훨씬 가까워지는 것을 느끼게 될 것이다. 이때 쓸데없는 말로 또 다른 갈등을 유발하는 것은 금물이다. 이 시기를 잘 보내고 나면 두 사람은 행복한 시절로 자연스럽게 돌아갈 수 있다.

넷째, 두 사람 사이의 의견 불일치로 인한 무관심으로 가장 흔한 경우이다. 이 경우에는 소통과 교제가 필수지만 갈등을 직접 얘기하는 것은 그다지 효과적이지 않으니 두 사람의 공통 관심사를 접점으로 삼아 갈등을 차근차근 풀어가야 한다. 또 다른 방법은 아예 서로 다투고 불만을 털어놓는 것이다. 화목한 것도 중요하지만 가끔은 상대방의 냉담한 태도에 이런저런 생각을 하는 것보다 차라리 듣기 거북한 말을 듣는 게 나을 수도 있다.

단 화해는 그날을 넘기면 안 된다. 차갑고 무관심한 태도를 너무 오래 끌고 문제를 해결하기 위해 아무도 주도적으로 나서지 않으면 결국 관계가 깨질 위기에 처한다. 두 사람의 사랑이 전부 소진될 때까지 기다리다가 나중에 상대방에게 조금 더 잘해줄 걸 후회하는 일이 없도록 하자.

사랑하는 사람이
낯설게 느껴질 때

사랑에 빠지면 처음에는 아무것도 보이지 않는다. 당신은 그의 모든 것을 이해하고 포용해줄 준비가 되었고 그와 함께 있을 수만 있다면 그걸로 충분했다. 가끔 서로 간의 의견 차가 크더라도 그 정도는 문제될 게 없다고 생각하고 상호 보완하면 된다고 믿었다. 당신에게는 그의 세계를 탐험하는 것이 신기한 모험이 될 것이며 그의 무한하고 관대한 사랑이 영원히 당신과 함께할 것이라고 믿기 때문에 두 사람의 미래에 대해 전혀 걱정하지 않을 것이다.

그러나 시간이 지날수록 당신은 그 차이가 만들어내는 거리감이 쉽게 사라지지 않는다는 것을 알게 될 것이다. 여전히 서로를 사랑하긴 하지만 서로 다른 성격과 취미, 가치관과 가정환경을 가지고 있으며, 그런 이유들로 두 사람은 냉전과 다툼 혹은 두려움에 쉽게 휘말릴 수 있다는 사실을 알게 된다. 이때부터 '그럼 이제 난 어떻게 해야 할까?'라는 고민이 시작된다.

먼저 성격의 차이를 살펴보자. 심리학에서는 인간의 성격을 9가지 유형으로 나누는데, 완벽한 성향의 개혁가, 타인에게 도움이 되는 조력자, 성공을 추구하는 성취가, 낭만적인 예술가, 지식을 사랑하는 사색가, 안정을 추구하는 충성가, 모든 일이 즐거운 낙천가, 자기주장이 강한 지도자, 조화와 평화를 사랑하는 중재자로 구분한다.

두 사람이 함께한다는 건 연애 초기에 서로의 성격을 인정했다는 의미이긴 하지만 실제로 만나다 보면 이런저런 문제들이 생기기도 한다. 예를 들어, 낭만적인 예술가와 성공이 목표인 성취가는 서로에게 매력을 느끼기 쉬운데, 예술가는 성취가의 세련되고 유능한 신비로운 기질을 좋아하고 성취가는 예술가의 센스 있고 감성적인 면을 좋아하기 때문이다. 그러나 나중에 예술가는 성취가의 무미건조함과 진지함이 마음에 들지 않는다고 불평하고 성취가는 예술가의 변덕과 예민함에 질리고 만다. 사실 이것이 사랑의 가장 대표적인 모순이다.

심리학에서 사용하는 말 중에 '아쉬운 사람이 변한다'는 말이 있다. 서로 다른 성격 때문에 어려움을 겪고 있다는 것은 당신이 상대방을 사랑하고 있다는 의미다. 이때 자존심을 잠시 내려놓고 천천히 이야기를 나누는 것이 그냥 앉아서 서로를 원망하는 것보다 훨씬 효과적이다. 평소 상대방이 좋아하던 옷을 입고 그와 함께 산책을 하거나 차를 한 잔 마셔보자. 당신이 그를 위해 보여준 작은 변화만으로 그는 당신의 진심을 자연스럽게 알게 되고 소통을 위한 노력을 할 것이다. 당신이 원하는 것을 상대방에게 말하고 상대방은 무엇을 원하고 어떤 어려움이 있는지 헤아리려고 노력해야 한다. 서로를 배려하고 화해에 이르는 사랑이야말로 생명력을 가진 사랑이다. 그런 사랑이면 새로운 갈등이 생겨도 충분히 해결할 수 있다.

다음은 서로 다른 취미에 대해 이야기해보자. 일반적으로 남성과 여성은 관심사가 다르다. 이런 차이는 사랑에 빠진 남녀가 서로 대립하는 것처럼 보이게 한다. 이 사실을 직시하고 인정하면 갈등의 절반이 해소된다. 먼저 상대방에게 자신이 좋아하는 노래나 책을 공유하며 좋아하는 이유를 나눠보자. 또 그가 좋아하는 게임을 하면서 새로운 취미를 발견한 기쁨도 누리고 게임을 이길 수 있는 전략도 함께 공유하다 보면 서로의 거리를 좁힐 수 있다. 당신을 사랑하는 사람이 당신을 새로운 세계를 경험하도록 이끌어주는 것은 정말 즐거운 일이다. 언제나 호기심에 가득 찬 당신은 더욱 사랑스러워 보일 수 있다. 앞에서 말했듯이 우리 마음속에는 항상 천진난만한 어린아이의 모습이 남아있기 때문이다. 나는 개인적으로 결혼의 여부를 떠나서 사랑은 언제나 신선하고 새로울 수 있다고 생각한다.

서로 취미를 공유하지 못하더라도 전혀 상관없다. 사랑하는 사람과 함께 있는 시간 외에도 자기만의 시간이 필요하다. 당신에게도 언니와 함께 쇼핑할 시간이 필요하고 그에게도 동생과 느긋하게 게임을 즐길 시간이 필요하다. 지나친 의심은 금물이다. 어느 작가의 말처럼 '나를 진정으로 아끼는 사람은 다른 사람에게 빼앗기지 않을 거라고 믿는다. 그것이 사랑이든 우정이든 말이다.'

마지막으로 능력의 차이에 대해 살펴보자. 사랑은 눈에서 하트가 나오고 심장이 터질 것 같은 것에서 멈추지 않는다. 그 안에는 현재의 생존과 미래의 생계도 함께 있다. 지혜로운 사람이라면 상대방과 어울리는 능력을 갖는 것이 얼마나 중요한지 알 것이다. 그래서 서로 능력의 격차가 크다는 사실을 알게 되면 자신을 개선하는 방법에 대해 고민해볼 것이다. 학원을 다니거나 온라인에서 자신을 업그레이드할 수 있는 방법을 찾아보고 관련 분야의 전문가를 찾아가 조언을 구하는 것도 좋다. 누구든지 항상 노심초사, 실의에 빠져 있는 모습보다 내면에서부터 반짝이는 빛을 내는 모습이 훨씬 예뻐 보인다.

사랑하는 사람 사이에도 차이는 얼마든지 날 수 있고 이는 지극히 정상적인 일이다. 인내심과 자신감을 가지고 서로 적응해가면서 새로운 관계로 거듭나면 된다. 이 또한 사랑의 일부이니 그 과정을 너무 아프게 생각하지 마라.

그가 예전처럼
잘해주지 않을 때

많은 여성이 왜 그가 처음 연애를 시작할 때만큼 잘해주지 않는지, 이제 더 이상 자신을 사랑하지 않는 건지 의문을 갖는다. '잡은 물고기에는 먹이를 주지 않는 법'이라는 말이 사랑의 진리처럼 떠다니고 있다. 하지만 나는 그런 사람들에게 만약 그가 당신에게 예전만큼 잘해주지 않는다는 생각이 든다면, 사랑을 하든 안 하든 그것과 별개로 두 사람의 진정한 연애가 비로소 시작된 것이라고 말해주고 싶다.

연애 초기에는 남녀 모두 서로 헤어지기 아쉬워하고 열정이 타오르는 상태여야 진짜 연애라는 착각에 빠진다. 그러다 열정이 식고 나면 두 사람의 관계가 지겹다고 느껴진다. 특히 여성이 상실감을 크게 느끼며 처음 연애를 시작할 때 상대방에게 받았던 친절과 배려를 그리워하기 시작하고 심지어 그때의 달콤함이 모두 거짓이라는 의심마저 든다.

연애의 달콤한 시기는 진정한 관계를 다지는 서곡일 뿐이지만 많은 여성이 이것이 연애의 본모습이라고 잘못 믿고 있다. 당신과 그 사이에 있었던 달콤하고 낭만적인 일들은 거짓이 아니지만 그때 두 사람은 거짓이었다. 연애 초기에는 자신의 진짜 모습을 상대방에게 잘 드러내지 않는다. 사랑의 호르몬 분비가 왕성할 때 자상한 그와 상냥한 당신은 모두 로맨틱한 상황에서 만들어진 일종의 '가짜 자아'의 상태이거나 자아의 일부일 뿐이다.

알다시피 연애를 시작하기 전이나 초기 단계에서 가장 중요한 것은 관계를 견고히 다지는 것이기 때문에 이를 위해 우리는 더 완벽한 모습을 보여줄 수밖에 없다. 따라서 두 사람 모두 일부러 '가짜 자아'의 모습을 보이려 하지 않아도 이미 무의식적으로 자연스럽게 나오게 된다. 뜨거웠던 연애가 살짝 사그라지면 '가짜 자아'도 모습을 감춘다. 그는 더 이상 당신에게 다정하게 대하지 않고, 당신 또한 예전보다 이해심이 적어진다. 두 사람의 '진짜 자아', 혹은 확실한 자아가 나타나기 시작하고, 이때부터 두 사람의 진정한 연애가 시작된다. 두 사람 모두 연기에 열중하느라 진짜 모습을 보여주지 않으면 진실한 관계를 세우는 데 어려움이 있다.

바로 이때 대부분의 커플이 가장 먼저 다뤄야 할 문제는 진실하지만 완벽하지 않은 사랑에 적응하는 방법이다. 사랑에 빠진 두 사람은 아무 잘못이 없다. 다만 진실한 모습으로 서로 앞에 나타날 때 약간의 삐걱거림이 있을 수 있다. 이해와 포용에 어느 정도 시간이 필요하겠지만 조금씩 냉랭해지는 관계를 받아들이지 못하는 일부 여성들은 상대방이 예전 같지 않아서 더 이상 연인 관계를 이어가고 싶지 않다고 생각한다. 우리는 이런 여성들의 심리를 '어린아이 심리'로 이해한다. 사람은 유아기에 부모나 주변 사람에게 극진한 보살핌을 받는데, 어른이 되고 나서도 여전히 그런 보살핌을 바라며, 자신을 위해 헌신하고 모든 것을 포기할 수 있는 사람을 고대한다. 이런 퇴행적인 기대 자체가 미숙하고 성숙하지 못한 결혼관과 연애관을 입증한 것이다.

이 상황을 바꾸고 싶다면 상대방을 붙잡고 끊임없이 추궁하지 말고 자신의 요구에 균형을 맞추는 것이 먼저 이루어져야 한다. 연애에 있어 불꽃 같은 사랑은 아주 잠깐이다. 평범하고 안정적인 관계가 정상적인 상태다. 당신의 어떤 요구가 불필요하고 지나치게 높은지 구분해내야 한다. 그래야만 당신을 위한 상대방의 헌신을 더 긍정적이고 객관적으로 볼 수 있다. 진정으로 '당신에게 잘해주는 것'은 모든 방면에서 당신의 거짓되고 터무니없는 요구를 만족시키는 것이 아니라, 먼저 각자에게 주어진 일을 하고 자신의 삶을 잘 돌본 후에 안정적으로 상대방을 사랑하는 것이다.

사소한 일로
사랑을 잃지 않으려면

사랑에 빠지는 순간부터 우리는 이 느낌이 영원하길 바라지만, 안타깝게도 많은 커플이 막상 사랑을 시작하면 그런 느낌과 기대가 금방 사그라지고 만다. 연구에 따르면 친밀한 관계가 가장 깨지기 쉬운 시점은 부부생활이 본격적으로 시작되는 1년에서 2년 사이로 나타났다. 어떻게 하면 우리의 사랑이 사그라지지 않을 수 있을까? 나는 개인적으로 다음의 몇 가지 사항이 중요하다고 생각한다.

첫째, 분노를 표출하는 방식을 바꾼다. 연인 사이에는 갈등과 충돌이 생기기 마련인데, 매번 갈등이 생길 때마다 다툼과 비난으로 해결한다면 두 사람의 관계는 갈수록 나빠질 수밖에 없다. 분노를 표출하지 말라는 의미가 아니라 내면의 분노와 감정을 올바르게 표현해서 당신이 왜 이런 행동을 하는지 명확하게 밝혀야 한다는 것이다. 예를 들어, 남편이 약속에 늦었을 때는 "그거 알아? 당신이 약속 시간에 늦으면 기분이 좋지 않아. 한 번이면 그럴 수 있다고 생각하지만 자꾸 이러면 나도 속상해. 다 이유가 있다고 생각하지만 그래도 늦은 이유는 설명해줬으면 좋겠어. 당신은 어떻게 생각해?"라고 하는 게 적절한 반응이다. "지금이 몇 시야? 일부러 늦게 오는 거 아니야? 우리 헤어져!" 남자친구 얼굴을 보자마자 무턱대고 화를 내며 이별을 선언하는 것은 '지각'이라는 문제를 해결함에 전혀 도움이 되지 않고 오히려 냉전으로 돌입하게 할 수 있다.

둘째, 상대방의 행동에 관대해지자. 당신은 상대방의 의도를 짐작할 수 없을 때 상대방을 좋게 생각하는가? 나쁘게 생각하는가? 나는 상대방의 행동을 읽는 습관을 바꿔서 보다 호의적인 시각으로 상대방의 행동을 파악하고 최대한 그의 장점을 볼 필요가 있다고 생각한다. 상대방이 하는 일이 완벽하지 않더라도 그의 출발점이 좋다면 노력을 인정해줘야 한다. 다시 '지각' 문제로 넘어가 보자. 상대방이 시간을 지키지 않는 것에 화가 났을 때, 그가 당신에게 관심이 없거나 중요하게 여기지 않는다고 생각하는가? 그런데 만약 그가 되도록 빨리 당신을 만나러 오기 위해 며칠 전부터 야근을 해서 업무를 마쳐놓고 서둘러서 달려왔다면 어떨까? 그를 이해해줄 수 있을까? 갈등이 생겼을 때 상대방이 자신을 중시하지 않는다고 독단적으로 판단하기보다 상대방이 어떤 노력을 했는지 살펴보는 것이 좋다. 그러면 자연스럽게 일상적인 갈등이나 충돌이 줄어들 것이다.

셋째, 서로의 즐거움을 공유하는 것이 중요하다. 서로의 즐거움을 공유하는 것은 단지 각자의 삶에서 일어나는 재미있는 일뿐만 아니라, 상대방의 승진이나 성과 등도 포함한다. 이때 "축하해, 너무 잘됐어! 역시 대단해! 너의 노력이 헛되지 않았구나!"라는 식의 적극적이고 긍정적인 축하를 전해보자. 이런 선의적이고 따뜻한 반응은 서로의 기쁨을 나눌 수 있을 뿐만 아니라 함께 성장하고 교류하는 데 밑거름이 된다.

누군가와 친밀한 관계를 유지하고 있다면 언제든지 발생할 수 있는 각종 스트레스와 오해에 대비해야 한다. 그렇지 않으면 연애의 낭만과 감정을 지나치게 소모하게 된다. 관계를 위해 그다지 노력하지 않는 사람은 불만과 부정적인 감정만 늘어가고 결국 점점 멀어지게 된다. 반면에 어떤 사람들은 최대한 선의적으로 소통하고 배려하려고 노력하면서 끊임없이 자신을 개선해 나간다. 여기서 한 가지 짚고 넘어가야 할 것은 선의적이라는 것은 당신이 생각하는 '상대방에게 잘해주는 것'이 아니라 '상대방이 진정으로 원하는 것이 무엇인지 이해하는 것'이다. 당신은 그에게 잘해주는데 그가 별로 고마워하지 않는 것 같은 이유는 당신이 선의를 전달하는 방식이 잘못됐을 가능성이 크다. 사실 선의는 의도적으로 하는 것이 아니라 관계의 일상적인 행동에 뿌리를 두고 있다.

동화에서는 항상 '왕자와 공주는 행복하게 살았습니다.'로 이야기의 끝을 맺지만 진짜 어려운 문제는 함께하고 난 후의 삶이다. 그러므로 배우자와 백년해로하며 행복하게 살 수 있는 이유는 의심할 만한 순간마다 서로를 선의로 감싸주고 가장 온화한 태도로 상대방을 대했기 때문일 것이다.

마음대로 하되
책임은 져야 한다

제가 사랑에 좀 제멋대로인 편이에요. 전에도 헤어졌다가 다시 만났거든요. 그런데 이번에는 그 사람이 먼저 헤어지자고 하네요. 어떻게 해야 할까요?

상담을 하다 보면 이런 고민을 자주 듣게 된다. 한쪽이 상대방의 한계를 계속 떠보려다가 어느 날 넘어서는 안 되는 선을 넘고 말았다. 그 사실을 깨달았을 때는 이미 너무 늦어서 누구도 관계를 돌이킬 수 없게 된다. 나를 찾아오는 사람들은 하나같이 이렇게 말한다. "내가 잘못한 거 알아요. 앞으로 내가 잘하면 되잖아요. 그런데 그 사람은 나에게 이런 기회도 주지 않겠대요." 이런 사람들은 사실 상담을 하기 전에도 이미 멋대로 굴다가 헤어지고, 다시 잘해보기로 결심해서 다시 만나면 또 제멋대로 구는 과정을 여러 차례 반복했을 것이다. 이 과정이 몇 번이고 반복되면 상대방은 결국 관계를 포기하게 된다.

제멋대로 행동하는 습관은 주로 성장배경과 관련이 깊다. 어린 시절 부모가 자녀를 지나치게 애지중지하고 모든 욕구를 충족시켜주면 자녀는 자기중심적인 의식을 형성하게 된다. 또한 배우자가 자신의 사랑을 증명하기 위해 상대방의 모든 것을 포용해주다 보면 상대방은 '내가 무슨 행동을 해도 변함없이 잘해주는구나.'라는 생각으로 점점 더 제멋대로 행동하는 경향이 커진다.

제멋대로 행동하는 사람들의 심리적 욕구를 살펴보면 사랑과 관계에 대한 갈망에서 비롯된다는 것을 알 수 있다. 제멋대로 구는 사람들은 자신이 무엇을 하든 상대방이 포용하고 사랑해준다는 것을 알고 있지만 그 사랑의 한계가 어디까지인지 끊임없이 확인받고 싶어서 이런 철없는 행동들로 상대방에게 자신의 존재와 의미를 시험해보는 것이다. 상대방이 여전히 자신을 사랑하고 있다는 사실을 확인하고 나면 비로소 불안함이 사라지고 편안해진다. 하지만 어느 날 자신의 요구가 받아들여지지 않으면 '그는 왜 내 말을 들어주지 않는 걸까? 이제 더 이상 날 사랑하지 않는 건가?'라는 생각을 하게 되는데 바로 이때 여러 갈등과 다툼이 생기기 쉽다.

적당히 제멋대로 행동하는 것은 감정적으로 흥미를 더하고 상대방을 긴장시킬 수 있지만 너무 지나치면 상대방을 힘들게 할 뿐이다. 물론 한동안은 받아줄 수 있다. 그러나 받아주는 데도 한계가 있을 거라는 생각을 해보지는 않았는가? 당신의 과도한 행동이 상대방의 한계를 넘어서면 더 이상 되돌릴 수 없을지도 모른다. 싸우면 바로 헤어지자고 하거나 기분이 상하면 그대로 잠수를 타는 것도 한두 번이면 상대방도 당신을 달래고 괜찮다고 생각할 수도 있다. 하지만 횟수가 늘어나면 어느 순간부터 상대방도 반감을 갖기 시작할 것이다. 어쩌면 어느 날 헤어지자는 당신의 말에 상대방도 순순히 동의할지도 모른다. 그리고 당신이 연락을 끊고 잠수를 타도 다시는 찾지 않을지도 모른다. 그때 가서 뼈저리게 후회를 한다고 해도 두 사람의 관계는 쉽게 회복되지 않는다.

당신의 제멋대로식 연애로 이미 많은 갈등을 겪으면서 둘다 지칠 대로 지친 상태라면 마음을 차분히 가라앉히고 이 관계를 계속 유지할 것인지 냉정하게 생각해보아야 한다. 만약 관계를 지속하기 원한다면 두 사람 모두에게 변화가 필요하다. 지금까지 상대방의 제멋대로식 행동을 참고 기다려준 당신, 하지만 이제 한계에 다다랐다면 무조건적이고 무원칙적인 이해와 포용은 이제 그만 멈춰도 된다. 특히 당신이 상대방의 행동을 계속 받아줄 수 있을지 확신이 서지 않을 때는 당신의 사랑에도 한계가 있다는 사실을 깨닫게 해주어야 한다. 상대방과 의사소통을 하면서 상대방의 행동에 대한 자신의 솔직한 감정을 표현해서 그가 이 상황을 잘 받아들이고 스스로 변화할 수 있도록 한다.

제멋대로 행동하는 편이 당신이라면 상대방이 당신을 영원히 이해해주고 받아줄 수 없다는 사실을 깨달아야 한다. 되돌리기 힘든 결말을 원하지 않는다면 스스로 변화하는 법을 배워야 한다. 주로 어떤 상황이나 문제와 마주했을 때 이런 행동을 보이는지, 그때 당신이 원하는 것은 무엇이었는지, 앞으로 이와 비슷한 상황에 처했을 때 어떻게 해야 하는지 생각해 볼 수 있다. 차근차근 자신을 되돌아보고 고민하다 보면 더 이상 말로만 변화를 외치는 것에서 그치지 않고 변화의 원동력과 효과도 더 커질 것이다.

장거리 연애도
행복할 수 있다

서로를 향한 그리움의 고통을 견뎌내며 혹시나 상대방이 다른 사람을 사랑하게 되지 않을까 노심초사하면서 힘든 사랑을 하는 경우가 있는데, 바로 장거리 연애다. 두 사람의 애정전선에는 아무 문제가 없지만 물리적으로 먼 거리와 감정의 공허함, 낮밤이 뒤바뀐 시차 등의 문제로 그들이 관계를 위해 쏟는 노력은 보통 사람들이 상상하는 것 이상이다. 장거리 연애는 말처럼 그렇게 간단하지 않다. 그래서 성공할 확률이 매우 낮다.

장거리 연애가 어려운 이유는 무엇일까? 어떻게 하면 이런 어려움을 정확히 이해하고 대처할 수 있을까? 지금부터 장거리 연애에 대해 속속들이 파헤쳐보자.

본론으로 들어가기 전에 장거리 연애 중인 커플의 이야기를 해보려고 한다. 이 커플이 장거리 연애를 시작한 지 벌써 3년이 넘었는데, 두 사람은 만났다 헤어지기를 수없이 반복하면서 많은 눈물과 넘치는 기쁨을 경험했고 이제는 어엿한 부부가 되었다. 이들은 내 주변 사람 중 가장 현실적이고 긍정적인 에너지를 가진 장거리 연애 커플이었다. 그렇다면 이들은 어떻게 사랑의 결실을 맺게 되었을까? 딱 4가지만 기억하자.

첫째, 두 사람의 감정을 견고히 하자. 사랑이 가장 연약해질 때는 언제라고 생각하는가? 바로 신뢰감이 없을 때다. 이럴 때는 흔히 말하는 안정감도 사라진다. 오랫동안 만나지 못해서 상대방이 무슨 생각을 하는지, 지금 누구와 함께 있는지, 여전히 당신을 사랑하는지 알 수가 없다. 계속되는 의심과 질문에 감정에도 금이 가기 시작한다. "지금 뭐 하고 있어? 누구랑 있어? 나 사랑해?" 이런 반복적인 질문과 추궁에 상대방은 피로감을 느껴 성의 없는 대답으로 일관할 것이다. 처음에는 질문 하나하나에 착실하게 대답해 줬지만 듣기 좋은 꽃노래도 한두 번이라고 하루, 일주일, 한 달 동안 계속된다면 과연 어떨까? 입장을 바꿔서 생각해보자. 당신이라면 어떻게 하겠는가? 매일 똑같은 일을 하고 똑같은 사람을 만나고 똑같이 사랑한다고 말해줄 수 있을까? 보통 사람들은 이런 관계를 받아들이지 못한다. 서로 감정을 견디고 믿음을 주는 것, 이것이 모든 감정의 시작이다.

둘째, 그때그때 소통하며 서로의 삶을 적당히 공유하도록 한다. 여기서 '적당히'라는 말에 주목해야 한다. 큰일이든 작은 일이든 모든 일을 이야기하는 것은 직장 상사에게나 하는 영혼 없는 보고에 불과하다. 우리는 왜 감정에 유통기한이 있다고 하는 걸까? 그것은 바로 호기심 때문이다. 우리는 이성에게 호기심을 갖고 상대방의 생각과 평소 생활을 궁금해한다. 그래서 당신은 상대에게 "보고 싶었어." "오늘 뭐 먹었어?" 등으로 호기심을 표현한다. 이런 호기심은 모두 기본적인 의사소통이라고 볼 수 있다. 이것 말고도 그의 생활이 궁금하다면 일일이 물어보지 않고 그가 오늘 무슨 일이 있었는지 주도적으로 말하도록 유도할 수 있다. 많은 장거리 연애 커플들이 가장 두려워하는 것이 "밥 먹었어?"라고 물으면 "응, 먹었어."라고 대답하고, "뭐 먹었어?"라는 질문에 "그냥 밥 먹었지."라고 대답하는 것이다. 이런 질의응답은 삶을 공유하는 것이 아니라 감시하는 것이다. 상대방의 삶에 적극적인 관심을 갖는 것은 좋지만 여기에는 서로 주고받는 언어 외에 적당한 거리도 필요하다.

셋째, 중요한 날에는 깜짝 이벤트를 준비해보자. 1년에 한

번 있는 밸런타인데이에 사랑하는 사람을 위해 어떤 이벤트를 준비했는가? 직접 만든 특별한 선물? 아니면 장미꽃 한 다발과 초콜릿 한 상자? 평범해 보이는 이런 작은 행동들이 서로의 마음에 파동을 일으킬 수 있다. 대부분의 사람이 깜짝 이벤트를 좋아한다. 정말 기대하지도 않았던 일이 갑자기 일어나는데다가 다른 의미에서는 상대방이 당신을 얼마나 아끼는지 보여주기 때문이다. 그에게는 당신을 기쁘게 해주고 싶은 마음이 있기 때문에 자연스럽게 행동이 뒤따른 것이다. 이것이 커플들이 흔히 말하는, 상대방에 대한 '태도'다.

넷째, 자주 만나라. 장거리 연애에서 가장 중요한 요소라고 할 수 있다. 장거리 연애 중인데 어떻게 자주 만날 수 있냐며 볼멘소리를 하는 사람들이 틀림없이 많을 것이다. 내가 말한 '자주 만난다'의 의미는 단순한 횟수를 얘기하는 것이 아니라 두 사람 모두가 만나기 편한 시간을 정해서 한 달에 한 번이나 두 번, 아니면 두 달, 혹은 석 달에 한 번씩은 꼭 만나라는 의미다. 물론 각자 다른 나라에 있다면 이건 또다른 얘기다. 요즘 인터넷이 급속도로 발전하면서 다양한 SNS를 통해 편리하고 원활한 의사소통이 가능해졌다. 우리는 동영상이나 글로 그 사람을 충분히 알 수 있지만 직접 보고 만지는 느낌은 하늘과 땅 차이다. 아마 장거리 연애 중인 사람들은 이게 무슨 의미인지 알 것이다. 당신이 물리적 거리로 인한 감정적인 어려움을 극복할 수 있는 기회는 항상 있다. 자주 만나다 보면 차츰 그가 어떤 사람인지 알게 되고, 그의 감정 변화도 조금씩 이해하게 되며 자연스럽게 그에 대한 대책도 마련될 것이다. 거리는 서로에게 길들여진 두 사람의 시간과 노력을 막을 수 없다.

'당신과 딱 맞는 사람을 찾아서, 딱 맞는 방식으로 행복하게 살아가길 바란다.' 이런 축복이 다른 사람에게만 일어나지 않기를 바란다.

그의 휴대폰을
봐도 될까?

요즘 들어서 부쩍 남자친구가 휴대폰을 보는 일이 많아졌다. 그때마다 혹시라도 옆 사람이 보지 않을까 신경 쓰는 모습도 자주 목격됐다. 이런 남자친구의 행동에 불안해하던 그녀는 어느 날 마음을 먹고 그의 휴대폰을 몰래 훔쳐보았고 이 사실을 안 남자친구는 그녀에게 몹시 화를 냈다. 여자친구는 너무 억울했다. "솔직히 사귀는 사이인데, 휴대폰 좀 보면 안 되나요? 서로에게 솔직하고 숨기는 게 없어야 하잖아요!"

"남자친구의 휴대폰을 봐도 될까요?" "다른 여자들이랑 거리를 두게 할 수 없을까요?" "그런 사람이랑 친하게 지내지 말라고 해도 될까요?" 연애 중인 많은 여성들이 이런 문제들로 끊임없이 고민하고 있을 거라 생각한다. 옆에서 보면 대수롭지 않아 보이거나 어쩌면 통제욕구가 너무 강하다는 비판을 받을 수도 있다. 하지만 이것이야말로 연애 중인 두 사람이 가장 갈등에 빠지기 쉬운 문제이다. 이러한 갈등은 통제욕의 강약에 달려 있는 것이 아니라 서로에 대한 신뢰 여부에 달려 있다.

상대방의 휴대폰을 보는 행동이 옳은지 그른지를 따지기 전에 왜 그런 행동을 하게 되는지 알아보도록 하자. 상대방의 휴대폰을 몰래 보고 싶다는 것은 당신이 그만큼 불안하다는 것을 말한다. 관계 안에서 느껴야 하는 안정감이 없고 상대방이 당신을 그다지 사랑하지 않을 수도 있다고 느끼기 때문에 끊임없이 자신의 생각을 뒷받침하는 증거를 찾으려고 한다.

이러한 불안함의 이유는 당신이 어린 시절 부모로부터 충분한 안정감을 공급받지 못했기 때문이다. 또는 당신의 사고방식이 비관적이어서 그럴 수도 있다. 상대방이 외출을 할 때 구체적인 장소를 말하지 않으면 당신은 그가 어디 가서 무엇을 하는지, 누구를 만나는지 알 수 없다. 그때부터 당신은 불안함을 느끼기 시작하고 '어디 간 걸까? 왜 나에게 말을 하지 않았을까? 누구를 만나러 간 거지?'라는 생각을 계속해서 하게 된다. 또한 상대방의 휴대폰을 보려고 할 때 상대방이 당황하거나 거부감을 보이면 '이것 봐, 뭔가 수상한 구석이 있으니까 안 보여주려고 하지. 숨기는 게 없는데 왜 안 보여주려고 하겠어!'라는 생각이 들기 시작한다. 그런데 한 번 보고 나면 두 번, 세 번 보고 싶은 게 사람 마음이다.

만약 상대방이 당신에게 휴대폰을 보여 달라고 하면 어떻게 하겠는가? 아마 관계에 피곤함을 느끼거나 심하면 상대방의 행동에 질릴 수도 있다. 또 한편으로 상대방의 이런 행동이 당신의 프라이버시를 침해하는 것처럼 보일 수 있고 당신을 신뢰하지 않는다고 생각할 수 있다. 휴대폰을 보여주지 않으면 상대방은 당신이 뭔가 숨기는 게 있다고 생각할 것이고, 그렇다고 보여주면 그때부터 심문이 시작될지도 모른다. "이 사람 누구야? 남자야, 여자야?" 이런 질문들이 처음에는 괜찮을지 몰라도 두 번, 세 번, 그 이상 넘어가면 점점 지쳐가고 갈등만 커질 것이다. 사실 서로의 휴대폰을 봐야 할지 말지에 대한 정답은 없다. 어디까지나 두 사람이 이 방식을 받아들일 의향이 있는지에 달려 있다. 두 사람 모두 서로의 휴대폰을 봐도 괜찮다고 생각한다면 당당하게 보면 된다. 하지만 둘 다 별로 원하지 않는다면 서로에게 안정감을 줄 수 있는 다른 방식을 찾아보도록 한다. 예를 들어 외출할 때 상대방에게 목적지를 확실하게 밝히거나 일상에서의 사소한 거짓말은 되도록 피하는 것이다.

혹시라도 당신이 상대방의 휴대폰을 보고 싶어 하는 편이라면 사고방식을 바꾸는 것이 좋다. 상대방이 당신에게 휴대폰을 보여주지 않는 것은 당신을 사랑하지 않아서도, 당신에게 무엇인가 숨기고 있어서도 아니다. 당신이 안정감을 느끼지 못한다면 그가 무엇을 어떻게 해주기를 바라는지 표현해보자. 그러면 휴대폰을 보는 것보다 훨씬 쉽게 문제를 해결할 수 있다. 입장 바꿔서 그가 "지금 전화 온 사람 누구야? 어디 휴대폰 좀 봐봐."라고 쉴 새 없이 물어본다면 당신도 언젠가 지치지 않겠는가?

사랑하는 사이라면 무엇보다 상대방을 존중하고 각자의 사생활을 존중하는 법을 알아야 한다.

사랑 안에서 충분한 안정감을
느끼고 있는가?

사랑하는 사람과 함께 살다 보면 서로에게 변함없는 사랑을 기대하고 상대방을 소유하려고 한다. 이것은 더 친밀하고 안정적인 관계를 얻기 위해서는 두 사람 모두 자신의 일부를 내어주어야 한다는 것을 의미한다. 하지만 누구나 자유로운 삶을 갈망한다는 사실은 부정할 수 없다. 그래서 서로의 삶에 더 많이 녹아들고 싶어 하면서도 상대방이 '나를 너무 통제하려고 하고 나만의 공간을 주지 않는다'고 느끼게 되는 모순이 생길 수도 있다. 이때 자유와 친밀함 사이의 균형을 유지하고 관계를 안정시키기 위해 두 사람은 적정 수준의 조화를 잘 이루어야 한다.

'신뢰를 바탕으로 하는 감정은 나에게 자신감을 준다. 당신이 모든 여성에게 잘해준다고 해도 나는 크게 흔들리지 않는다.' 이런 수준의 믿음을 얻으려면 '안정감'이라는 말을 빼놓을 수 없다. 그래서 상대방에게 안정감을 줄 수 있는 몇 가지 방법을 공유하려고 한다.

첫째, 약속을 하고 실천한다. 어떻게 보면 너무 뻔해 보일 수 있지만 여전히 많은 여성에게 통하는 방법이다. 여성들에게는 함께 미래를 계획하고 꿈을 꾸면서 당신의 미래에 그녀의 존재를 느끼게 하는 것이 그녀 마음속의 돌을 내려놓는 가장 좋은 방법이며, 또한 서로에게 솔직하고 서로를 충분히 신뢰할 수 있는 가장 좋은 방법이기도 하다.

물론 두 사람의 미래는 아직 가야 할 길이 많이 남아있기 때문에 모든 일을 지금 당장 할 필요는 없다. 그러나 가끔 깜짝 이벤트로 그녀가 지나가면서 말했던 작은 소원들을 기억해 두었다가 들어주면 그녀는 충분한 안정감을 느낄 수 있을 것이다. 무엇보다 중요한 것은 당신이 그녀를 마음에 계속 두는 것이다.

둘째, 적당한 투명성을 유지한다. 이 점은 매우 중요하지만 그만큼 연인 사이에서 가장 많은 갈등을 겪는 영역이기도 하다. 여성들은 주로 상대방이 자신에게 얼마나 투명하게 보여주는가에 따라 안정감을 다르게 느낀다. 그리고 충분한 안정감이 있어야 상대방이 배신하지 않을 거라고 생각하고 충분히 신뢰한다.

적당한 투명성을 유지하기 위해 사사건건 상대방에게 보고할 필요는 없다. 여성에게는 상대방에게 개인적인 공간을 주고 싶은 마음도 있고 친구들 모임에도 함께 갔으면 하는 마음도 있다. 두 사람이 정기적으로 깊이 소통하고 서로를 더 잘 알게 되기를 바란다. 이런 사소한 일들로 서로에 대한 신뢰와 감정을 증진시킬 수 있다.

셋째, 같은 생각을 갖는다. 아마 많은 사람이 의아하게 생각할 수 있을 텐데, 대체 같은 생각을 품는 것이 신뢰와 무슨 상관이 있을까? 비슷한 생각을 가진 사람들이 공통된 관점을 가질 가능성이 높고, 공통된 관점을 가진 두 사람이 서로 이해하고 나면 상대방의 태도에 확신이 생기고 더 이상 의심을 품지 않게 된다. 예를 들어, 두 사람이 모두 감정 결벽증이 있다는 사실을 알게 되면 더 이상 서로의 전 연인의 존재에 대해 걱정하지 않을 것이며, 더 이상 서로의 휴대폰을 보려고 실랑이하지 않을 것이다.

가끔 우리는 상대방이 자신에게 충분한 안정감을 주지 못한다고 불평하곤 한다. 하지만 어떤 안정감은 오직 자기 자신만이 줄 수 있고, 자신이야말로 가장 든든한 후원자가 될 수 있다는 사실을 알아야 한다. 이번에는 어떻게 하면 자신에게 안정감을 느끼는지 알아보려고 한다.

첫째, 자립을 배운다. 여성이 자립하지 못하고 다른 사람에게 기대 살아야 한다면 결코 강한 안정감을 느낄 수 없다. 결혼하자마자 전업주부가 된 친구들은 매일같이 식사와 집안일에 둘러싸여 남편과 아이들 주변을 맴돌며 살아간다. 자신의 생활과 경력은 사라진 지 오래다. 그녀들은 지금 갖고 있는 것은 다 내 것이 아니라 언젠가 잃어버릴지도 모른다고 생각한다. 알 수 없는 불안함에 상대방에게 휴대폰을 보여 달라고 하기보다는 안정적인 직장을 찾아서 그 안에서 성취감을 얻는 게 낫다. 그래야 충분한 자신감을 갖게 되고 상대방에게 충분한 안정감을 줄 수 있다.

둘째, 자신을 사랑할 줄 안다. 자신을 사랑하고 즐거움을 찾을 줄 알면 우리는 충실한 삶을 살고, 친구를 사귀고, 취미를 가지고, 삶을 제대로 즐길 줄 알게 된다. 자신을 사랑하는 사람만이 다른 사람을 사랑할 수 있고, 삶을 즐길 줄 아는 사람만이 빛나는 아름다움을 가질 수 있다. 이렇게 아름답고 자기 관리에 능한 사람을 누가 포기할 수 있겠는가?

셋째, 자신을 바르게 안다. 사람은 누구나 자신을 정확히 알아야 하는데, 특히 여성들은 자신을 잘 이해해야 한다. 자신이 무엇을 원하는지, 무엇을 추구하는지 제대로 알아야 하며, 자신을 '우아한 여인'이나 '현모양처'에 국한시키지 말아야 한다. 당신에게는 무한한 가능성이 있으니 마음껏 자신을 향상시키도록 하자. 당신의 운명이 당신 손에 달려 있는데, 불안할 게 무엇인가?

사실 자신 외에는 그 누구도, 그 어떤 것도 평생 당신에게 안정감을 줄 수 없다. 자신의 내면에서부터 외면까지 자신을 알고, 자신을 사랑하고, 자립할 수 있어야 비로소 가장 아름다운 자신을 꽃피울 수 있고 충분한 안정감을 줄 수 있다.

사랑하는 사람에 대한
오해

결혼 3년 차 부부, 신혼의 달콤함은 이미 사라진 지 오래고 서로에 대한 미움만 남아 있다. 나는 두 사람이 서로의 생각을 알 수 있도록 1인용 소파에 앉아 서로 마주 보게 한 뒤 그들 중 한 사람에게 최근 상대방 때문에 화가 났지만 상대방은 알지 못하는 일을 떠올려보도록 했다.

오랜 시간 침묵을 지키다 남편이 탁자를 두드리며 아내에게 소리를 질렀다. "이제 당근 요리 그만해! 난 당근이 너무 싫단 말이야!"

깜짝 놀란 아내가 어이가 없다는 얼굴로 말했다. "당신 원래 당근 좋아하잖아. 좋아하니까 해준 것뿐이야."

그러자 남편이 고개를 저었다. "당신은 항상 자기밖에 몰

라. 내가 좋아하는 줄 알고 그랬다고? 그러니까 당신한테
자기 생각만 한다고 그러는 거야. 난 당근을 싫어해! 당신이
좋아하는 거 아니야?"

아내는 남편이 반 정도 말했을 때 뭐라고 변론을 하고 싶
었지만 "당신이 좋아하는 거 아니야?"라는 남편의 말에 눈
빛이 흔들리더니 한동안 아무 말도 하지 않았다.

이야기 속에서 갈등의 주된 원인으로 '당근'이 등장한 이
유는 간단하다. 두 사람이 연애 중일 때 당시 여자친구였던
아내는 남편의 집에서 직접 요리를 해줬다. 3일 연속 매일
식탁에 당근 요리가 빠짐없이 등장했다. 남편도 아무런 거
부감 없이 아주 맛있게 먹었다. 아내는 남편이 맛있게 먹었
던 모습을 잘 기억해 두었다. 두 사람이 결혼한 후에도 자연
스레 당근은 식탁의 단골 요리가 되었다. 아내는 남편을 위
해 매일 다양한 방법으로 당근을 요리해줬다.

남편의 입장을 보자. 남편은 어렸을 때부터 당근을 싫어
했다. 그런데 어머니의 계속되는 강요와 회유로 어쩔 수 없
이 당근을 먹을 수밖에 없었다. 어머니가 워낙 성격이 강
한 분이셔서 아무리 반항을 하고 거부를 해봐도 결과는 달
라지지 않을 거라는 걸 알고 있었기에 조용히 받아들이기로
했다.

그러다가 자기만의 가정을 이룬 지금까지도 그토록 먹기 싫은 당근을 계속 먹어야 하는 현실을 쉽게 받아들일 수 없었고 결국 그 감정이 터지고 만 것이다. 남편의 얘기를 들은 아내는 떨어뜨리고 있던 고개를 천천히 들어올렸다. 그녀의 시선이 남편의 시선이 머문 자리에 멈췄다. 그러고는 담담하게 말했다. "사실 나도 어렸을 때부터 당근 싫어했어."

결국 두 사람 사이를 이토록 힘들게 만든 주된 원인은 소통의 부재였다. 대부분 어떤 일을 할 때 '내 생각에는'이라는 생각에서 시작하는데, 이것이 결과적으로 위와 같은 갈등이 생겨나게 하는 것이다. 심리학에서는 이런 현상을 '당신이 나를 사랑하면 내가 무엇을 원하는지 알아야 한다'는 의미로 해석하곤 하는데, 그 사람이 당신을 사랑하기 때문에, 또는 당신이 그 사람을 사랑하기 때문에 상대방의 욕구와 감정, 생각을 미리 알고 그에 따라 행동해야 한다고 생각하는 것이다.

사례 속 이 부부도 이런 생각을 갖고 있었기 때문에 상대방에게 한 번도 무엇을 좋아하는지, 무엇을 싫어하는지 제대로 물어본 적이 없었고, 나는 무엇을 좋아하고 무엇을 싫어하는지 말해본 적도 없었다. 오히려 자신이 짐작하는 방식으로 소통을 이끌어 갔을 뿐이다.

이런 경험은 앞의 두 사람에게만 국한된 것이 아니라 사랑하는 사람들 사이에 "난 네가 잘되라고 한 거야. 이렇게 하면 네가 좋아할 줄 알았어."의 사고방식은 언제나 존재한다.

부부나 커플끼리 할 수 있는 일은 이런 관심과 배려를 완전히 차단하는 것이 아니라, 매번 이런 문제에 부딪힐 때마다 직접 상대방에게 물어보고 무슨 생각을 하고 있는지 들어보는 것이다.

'당근'에 관한 이야기를 마음에 잘 새겨두었다가 이런 사소한 일 때문에 심각한 갈등이 생겼을 때 지혜롭게 해결할 수 있기를 바란다.

연애 중 힘겨루기

사랑은 참 신기하다. 가질 수 없을 때는 몹시 초조해지는데, 갖고 나면 그때부터는 아무것도 하지 않는다. 남녀 사이의 이런 힘겨루기는 일상뿐 아니라 연애 중에도 흔히 볼 수 있는 광경이다.

여성은 사랑에 빠지면 누구보다 달콤한 연애를 원한다. 상대방이 자신에게 관심을 가져주길 바란다. 그런데 막상 남자친구가 "내가 어떻게 해주면 좋겠어?"라고 물으면 마치 남자친구가 필요 없는 사람처럼 "난 아무것도 필요 없는데."라며 시큰둥한 반응을 보인다.

그러면 남성은 자신은 두 사람의 미래를 위해 이미 많은 노력을 해왔다고 생각하기 때문에 "알았어, 분명히 네가 말한 거다. 나중에 후회하지 마."라고 말하고 나서 정말 상관하지 않는다.

두 사람의 이런 힘겨루기에는 오해와 갈등이 뒤따르고 결국 모두를 불행하게 만든다.

'힘겨루기'는 좋아하는 것을 싫어한다고 말하고, 관심이 있는데 신경 쓰지 않는다고 말하는 것이다. 그런데 사랑하는 사람들은 왜 굳이 힘겨루기를 하는가?

한창 연애 중인 남녀가 힘겨루기를 하는 데에는 여러 가지 이유가 있다.

첫째, 남성과 여성의 심리적 특성에 차이가 있다. 일반적으로 남성은 합리적이고 여성은 감성적이기 때문에 사랑에 대한 두 사람의 태도는 서로 다를 수밖에 없다. 대부분의 경우 여성은 남성보다 사랑과 가정을 우선시하고 남성은 일이나 진로 등을 우선시한다. 관심사가 서로 다르다 보니 자연스럽게 힘겨루기도 많아진다. 감정과 이성, 사랑과 일, 미련과 자유 등이 차이를 만든다.

둘째, 어린 시절 서로를 대하는 부모님의 태도에 대한 영향으로 '힘겨루기'를 강박적으로 반복한다. 어렸을 때 부모님이 항상 사이가 좋지 않고 서로 힘겨루기를 하면서 억지로 가정을 지켜왔다면 아이들은 부모님이 지내는 방식이 정상적인 연인이나 부부의 모습이라고 생각한다. 그래서 성인이 돼서 결혼을 하게 되면 자신도 모르게 부모님의 모습을 그대로 복제하고 힘겨루기를 두 사람의 관계를 유지하는 방식으로 삼는다.

셋째, 내면의 열등감이 '힘겨루기'로 나타난다. 열등감을 느끼는 사람들은 항상 '내가 그에게 솔직하게 사랑을 표현하면 너무 제멋대로라고 생각하지 않을까?'라는 쓸데없는 생각을 하곤 한다. 자신이 상대방보다 잘나지 못해서 상대방이 자신을 무시할지도 모른다는 생각에 힘겨루기를 통해서만 자신의 마음을 표현할 수 있고 그렇게 하면 자존감을 얻을 수 있을 거라 여긴다.

여기서 언급한 것 외에도 신비감을 유지한다는 생각으로 자신에 대한 호기심과 이해도를 더 높이기 위해 힘겨루기를 흥미의 수단으로 삼는 사람도 있다. 물론 이것은 연애 중인 남녀 사이의 거리를 좁히고 상대방의 깊은 사랑을 이해하는 데 긍정적인 효과가 있다. 하지만 너무 과하면 두 사람 사이에 오해와 갈등만 깊어져 결국 돌이킬 수 없는 사태로 이어질 수도 있다. 그때 가서 누구를 원망하겠는가?

만약 당신이 힘겨루기의 적정선을 유지하기 힘들다고 느

낀다면 두 사람 다 재미 삼아 한다는 소리를 그만두고 방법을 바꾸는 것이 좋다. 어쩌면 직접적인 소통과 고백이 더 효과적일 수 있다.

특히 두 사람이 함께하기로 결정한 후에는 마음속 생각을 들키지 않으려고 낯선 사람처럼 쭈뼛쭈뼛하지 말고 있는 그대로 표현하는 것도 생각보다 더 큰 효과를 불러올 수 있다. 예를 들어, 예상치 못한 깜짝 이벤트에 대해 좋은지 싫은지 물어봤다면 솔직하게 좋았다고 말하면 된다. 여성은 상대방이 요즘 자신을 차갑게 대한다고 느끼면 바로 자신의 불만을 말할 수 있으면서 "나를 사랑하지 않는 거지?"라는 지루한 말은 왜 하는 걸까?

두 사람은 첩보 영화를 찍는 것도 아니고 로맨틱 드라마에 출연하는 것도 아니다. 하루하루 쌓이는 힘겨루기가 두 사람의 사랑을 망치도록 내버려 두지 마라.

헤어지자는 말에
반응하기

당신은 남자친구와 함께 있을 때 행복하다는 생각보다 힘들다는 생각을 더 많이 했고, 두 사람은 아주 사소한 일로 자주 싸웠다. 그날도 당신과 남자친구는 크게 싸웠다. 홧김에 던진 헤어지자는 당신의 말에 그가 바로 동의할 줄은 생각지도 못했다. 그동안 우리 관계에 얼마나 애정이 없고 진심이 아니었으면, 생각 없이 내뱉은 말 한마디에 나를 붙잡지도 않고 이렇게 헤어지자고 하는 걸까?

입장을 바꿔 남자친구와 싸우는데, 갑자기 남자친구가 화를 내며 헤어지자고 한다. 당신이 그의 말에 동의하자, 그는 당신이 붙잡지 않는다며 서운해하고 처음부터 자신을 사랑하지 않았다고 속상해했다.

이 상황이라면 당신은 상대방이 전혀 말이 통하지 않는다고 생각하는가? 아니면 상대방의 말대로 정말 그를 사랑하지 않은 것인가?

이것은 관계에서 볼 수 있는 전형적인 이중잣대인데, '나는 해도 되지만 당신은 하면 안 된다'는 확고한 입장을 가지고 있는 것이다. 위의 사례에 적용해 보면 '나는 당신을 시험한 것뿐이고, 이 관계가 소중하기 때문에 내가 총대를 멘 거야. 하지만 당신은 그저 나를 처음부터 사랑하지 않았다는 것밖에 설명이 안 돼.' 이런 논리인 것이다.

이런 이중잣대는 두 사람을 모두 힘들게 한다. 상대방은 자신이 계속 당신에게 끌려가야 한다고 생각하거나 불공평하다고 생각할 수 있다. 그리고 당신 역시 상대방이 자신을 이해하지 못하고 성의가 없다고 생각하고, 무엇보다 두 사람의 관계에 온전히 헌신하지 않는다고 생각한다.

사람들은 종종 자신의 감정에 반대되는 말을 한다. 즉 의도적으로 진심을 표현하지 않고 꼭 반대로 말하는 것이다. 가끔은 이런 반어적 표현이 재미있을 때도 있다. 예를 들어, 상대방은 당신과 키스를 하고 싶은데, 당신은 하기 싫다고 말한다. 이때 그는 당신의 수줍은 애교와 사랑스러움에 매력을 느끼고 두 사람의 사랑을 더욱 달콤하게 만들어 줄 것이다. 하지만 때로는 누군가에게 상처가 되기도 한다. "당신은 나를 전혀 사랑하지 않는 것 같아! 내가 진작부터 알긴 했지만 너무해! 우리 그만 헤어져!"

이런 말은 말하는 사람 입장에서는 상대방이 자신을 사랑하는 마음을 행동으로 보여주거나 속상한 마음을 달래주기를 바라는 마음으로 한 것일 수도 있지만 듣는 사람 입장에서는 그동안의 자신의 감정을 완전히 부정하는 표현으로 받아들일 수밖에 없고, 상대방이 이별을 너무 쉽게 말해서 관계를 진지하게 생각하지 않는다고 느낄 수 있다.

특히 두 사람이 다투거나 화를 낼 때, 본의 아니게 단순한 말다툼에서 인신공격으로 발전하게 되는데, 그러다 보면 자연스럽게 감정이 더 상하고 결국 헤어지거나 이혼하게 된다. 그러므로 사랑하는 사이에서는 못 할 말도 있고, 다른 표현으로 바꿔서 해야 하는 말도 있다. 소통에 어려움을 겪고 있는 사람들을 위해 두 가지 소통 방법을 살펴보려고 한다.

첫째, 상대방을 일부러 화나게 하지 마라. 우리는 상대방의 약점이 무엇인지, 어떤 말에 상처를 입는지, 어떻게 하면 화를 내는지 등 서로에 대해 잘 알고 있다. 그래서 상대방과 옳고 그름을 가리느라 열띤 경쟁을 벌이거나 상대방이 즉시 입을 다물게 하고 싶어서 일부러 상대방을 화나게 하는 방법을 쓰는 경우가 많다. 하지만 이런 방법은 서로의 마음에 지울 수 없는 상처를 남기고 나중에 화해를 한다고 해도 쉽게 사라지지 않는다. 그리고 그 후로도 가끔씩 불쑥 떠올라 불편한 감정을 만들어낸다.

둘째, '당신, OO 하지 마'를 '나는 OO 하고 싶어'로 바꿔서 말해보자. 사람들은 자신을 부정하는 말을 싫어하고, 들으면 불쾌함을 느낀다. 예를 들어 상대방이 당신에게 "게으름 좀 그만 피울 수 없어? 넌 내가 얼마나 피곤한지 모르지!"라고 말했다고 하자. 과연 이 말은 당신에게 어떤 영향을 미칠까? 상대방의 피곤함을 헤아려주려는 마음이 생길까? 아니면 자신을 변화시키는 동기부여가 될까? 결코 아니다. 오히려 짜증이 나고 상대방이 원망스러울 것이다.

좋은 표현 방식은 항상 상대방에 대한 공감이 먼저 온다. 그다음에 당신의 의견과 이런 행위의 좋은 점을 명확하게 제시해주도록 하자. 예를 들어 조금 전의 그 문장을 바꿔서 말해보자. "일이 힘든 건 알지만, 그래도 퇴근하고 집에 오면 입었던 옷은 세탁기에 넣고, 쓴 물건은 제자리에 치워주면 좋겠어." "시간 되면 장 보러 갈래? 내가 맛있는 거 해줄게!" 이렇게 하면 듣는 사람도 좋고 두 사람의 소통도 자연스럽게 이어질 것이다. 누구나 좋은 말을 듣기 좋아한다. 그런데 왜 좋은 말로 서로의 목적을 달성하려고 하지 않는가?

5장

결혼은 무덤이 아니라
천국이다

끊임없이 자신을 새롭게 하는 여성은
가정 내 갈등이 생겼을 때도
무기력하지 않고,
자신을 잃지 않으며,
쉽게 타협하지 않을 뿐더러
자신을 불행하게 만들지 않는다.

백만장자와 결혼하면 행복할까?

'일과 가정, 두 마리 토끼를 잡을 수 없다'고 하소연하는 여성들이 점점 늘어나고 있다. 그들은 결국 가정을 위해 마지못해 일을 포기하고 전업주부의 길을 선택한다. 하지만 이후로도 많은 문제가 끊임없이 일어난다. 가정에 필요한 재정을 모두 남성에게 의존한다면 여성의 발언권은 사라지고 남성에게 우월감을 더 심어주게 된다. 아마도 많은 여성이 멋진 왕자님과 결혼해서 평생 걱정 없이 사는 신데렐라의 삶을 부러워할 것이다. 하지만 이들은 과연 진정으로 행복한 삶을 살았을까? 꼭 그렇지만은 않다. 재벌가로 시집간 많은 신데렐라는 모두 전업주부로 남편의 능력에만 의존하며 살아간다. 거기다가 시댁과 친정의 경제적 차이를 실감하면서 자연스럽게 열등감을 느끼게 되고 남편이 자신보다 잘났다는 생각에 남편의 말이라면 무조건 순종하게 된다. 간혹 남편이 바람을 피워도 혼자 살 수 있는 능력을 상실했기 때문에 묵묵히 참을 수밖에 없고 그에게 따질 엄두도 내지 못한다.

이 때문에 여성은 돈을 많이 벌지 않더라도 돈 버는 능력을 잃어서는 안 되며, 다른 사람의 삶에 기대 살아가는 건 더더욱 안 된다. 일은 당신의 삶을 풍요롭게 만들고, 힘들지만 그만큼 열심히 일해서 번 돈은 당신에게 만족감을 선사할 것이다. 당신이 모든 재정을 남편에게 의존하고, 그를 삶의 전부로 여긴다면 처음에는 남편도 행복해하겠지만 시간이 지나면 점점 지겹고 귀찮아질 수밖에 없고, 결국 더 이상 당신을 중요하게 생각하지 않게 된다. 이럴 때 당신은 어떻게 해야 할까? 현실 속 많은 여성의 비극은 여기서부터 시작된다는 사실을 명심하기 바란다.

경제적인 독립 외에도 정신적인 독립이 필요하다. 여성은 가정이라는 좁은 공간에 국한되지 않고 자신의 직업과 친구를 가져야 한다. 여성도 자신의 독립적인 인격이 있어야 하고 자기 일은 스스로 처리할 수 있어야 한다. 남성의 의견을 참고하되 무조건 따를 필요는 없다. 자신의 미래에 대한 생각과 인생 계획이 있어야 하고, 언제 무엇을 해야 하는지 스스로 결정할 수 있어야 한다. 혹시 남편을 위해 과거의 모든 것을 포기하고 자신의 독립적인 인격도 포기한 채 그의 부속품이 되었다면, 근본적으로 자신을 포기하고 남편이나 사랑을 최우선으로 두었다면 자신을 영영 잃게 된다.

'나는 결혼했으니 내 인생에서 가장 큰 일을 해낸 거야. 그가 알아서 날 먹여 살려 줄 테니, 난 더 이상 열심히 일할 필요가 없어.' 아직도 많은 여성이 이런 잘못된 생각을 가지고 있을지 모른다. 이것은 정말 어리석고 잘못된 생각이다. 자신을 향상시킬 수 있는 방법을 모색하고 항상 자신의 능력을 갱신해 나가야 한다. 이전에 배웠던 것을 잊어버리지 않고 더 유용하게 사용할 수 있어야 한다. 평소 흥미를 가졌던 것이 있다면 틈틈이 배우면서 자신감을 향상시키는 것도 좋다. 친구와의 교제나 독서, 강연 등을 통해 자신의 내면을 끊임없이 채워나가도록 한다. 끊임없이 자신을 새롭게 하는 여성은 가정 내 갈등이 생겼을 때도 무기력하지 않고, 자신을 잃지 않으며, 쉽게 타협하지 않을 뿐더러 자신을 불행하게 만들지 않는다. 그들은 일어나면 안 될 일은 피하고, 자신의 진정한 행복을 추구하는 더욱 이성적인 해결책을 찾을 수 있다.

미안하지만,
우리는 정말 어울리지 않아

"미안하지만, 우리는 정말 어울리지 않아." 이별 장면에서 항상 비가 내리는 것에 못지않게 꼭 등장하는 단골 대사다. 그리고 실제로 많은 사람이 헤어질 때 이것으로 헤어지는 이유를 설명한다. 대부분의 사랑은 외모에서 시작되는데, 그땐 그냥 보고만 있어도 시간이 빠르게 흘러간다. 하지만 사랑과 결혼은 모든 어울림을 중요하게 생각한다. '물을 직접 마셔봐야 뜨거운지 차가운지 안다'는 말처럼 무슨 일이든 직접 겪어보고 느껴봐야 안다.

발에 안 맞는 신발을 신으면 뒤꿈치가 다 까져서 피가 나고 걸을 때마다 고통이 느껴질 것이다. 적어도 이런 비극을 피하기 위해 당신이 선택하면 안 되는 배우자의 유형에 대해 이야기하려고 한다.

첫 번째, 가정형편의 차이가 크게 나는 사람이라면 신중하게 선택해라. 이 말을 들으면 다들 지금이 어느 시댄데 이런 시대착오적 발상을 하냐며 비웃을지도 모른다. 그러나 우리가 19세기를 살아가든 21세기를 살아가든 중요하지 않다. 적어도 결혼을 하려면 두 집안의 수준이 엇비슷해야 한다. 아이가 가정환경에 따라 전혀 다른 모습으로 성장할 수 있다는 사실은 우리 모두가 잘 알고 있다. 가정교육이나 집안 분위기, 경제적 여건이 미치는 영향은 정말 크다. 상대방에게는 헛되이 낭비되는 사치품이지만, 당신에게는 그냥 작고 평범한 소지품일 수도 있다. 또 당신은 청춘 드라마나 연애소설만 좋아하는데, 상대방은 입만 열면 성리학이나 헤겔을 읊어댄다면 이 관계는 얼마나 지속될 수 있을까? 나는 차이가 때때로 아름다움을 만들어낸다고 믿는다. 그러나 이렇게 판이하게 다른 심미관과 생활방식은 많은 갈등과 오해를 불러일으킬 수 있다.

두 번째, 경제적 능력이 있지만 지나치게 절약하는 사람이라면 고심해 볼 필요가 있다. 충분한 경제력을 지녔는데도 자신에게 인색한 사람을 배우자로 생각하고 있다면 신중하게 선택해보길 바란다. 이런 사람들은 절약하는 것 같지만 그 뒤에 드러나는 문제가 있다. 이를 과소평가해서는 안 된다. 우선 그들은 자신을 돌보지 않고 열심히 일만 하느라 인생의 기쁨을 즐길 줄 모른다. 그런 사람과 있으면 우울하고 지루할 수밖에 없다. 당신이 삶의 질을 조금이라도 추구하는 사람이라면 이런 사람과 연애나 결혼을 하기에는 썩 적합하지 않다. 또 이미 어느 정도 경제적 여유가 있는데도 지나치게 절약하는 사람은 분명히 미래에 대한 확신이 없는 사람일 것이다. 부를 창출할 능력이 있는 인재일수록 소비에 나서는 경우가 많다. 그리고 미래에 대한 자신감이 넘치는 사람이 어떻게 자신의 삶을 가혹하게 대할 수 있을까? 당신이 본 것은 근검절약이 몸에 밴 훌륭한 덕목을 갖춘 사람이 아니라 위축되고 미래에 대한 불확실성으로 가득 찬 사람일 뿐이다.

세 번째, 식탐이 강한 사람도 심사숙고해야 한다. 많은 사람이 마음이 허전하고 외로울 때 음식을 먹는 것으로 자신의 감정을 마비시킨다. 식탐이 많은 사람은 그만큼 마음이 공허한 사람이라는 사실을 잊지 말길 바란다. 이런 사람은 배를 채우면 마음이 채워질 거라고 생각한다. 더군다나 음식을 먹을 때 나눠 먹기 싫어하고 게걸스럽게 먹는 사람은 삶에 별다른 재미를 느끼지 못하고 이기적인 경우도 많다. 물론 그들의 다른 면까지 속속들이 아는 데 한계가 있기 때문에 그들을 이해하기 위해서는 깊은 교제가 필요하다. 그러나 먹는 것에 대한 자세는 자신도 모르게 많은 것을 드러내기 때문에 배우자를 고를 때 반드시 눈여겨보아야 하는 조건이다.

네 번째, 신발이 발에 딱 맞는지는 오직 내 발만 알 수 있다는 것을 명심하기 바란다. 신발이 당신을 편안하고 따뜻하게 해주는지, 아니면 걸을 때마다 불편한지는 당신만이 알 수 있다. 그러므로 평생을 함께할 사람은 신중하게 선택해야 한다. 힘들게 버텨왔지만 여전히 지속하기 어려운 관계라면 "미안하지만, 우리는 어울리지 않아."라고 크게 말해보자.

하지만 '금에 순금이 없듯이, 사람도 완벽한 사람은 없다'는 말처럼 누구에게나 이런저런 단점이 있다는 사실을 깨달아야 한다. 상대방을 전반적으로 바라봐야지, 어느 한 측면에서 너무 많은 관심을 기울이지 않도록 한다. 여러모로 저울질한 후에 그가 당신이 찾으려는 사람이 맞는지 다시 생각해보는 것이 좋다.

이 사람이 당신의
'이상형'인지 판단해라

결혼은 여성에게 특별한 기대와 두려움을 느끼게 하는 단어
다. 좋은 사람과 결혼해서 행복한 결혼생활을 하는 것을 기
대하는 반면, 함께 가정을 꾸리는 사람이 사랑하는 사람이
아닐 수 있다는 사실을 두려워한다. 이 때문에 많은 여성이
적임자를 찾기만 하다가 아직 결혼에 골인하지 못하고 있는
데, 찾으면서도 '내가 사람을 볼 줄 모르나?' 하는 생각이 너
무 두렵게 다가온다.

내가 지금까지 상담을 해오면서 가장 많이 했던 상담 주
제가 바로 결혼이었다. 순탄치 못한 결혼생활을 하던 여성
이 있었다. 그녀의 남편은 결혼 전만 해도 그렇게 잘해주었
는데, 결혼 후에는 점점 자신의 본성을 드러냈다. 원래 흡연

을 즐기는 데다가 특히 술만 마시면 난폭하게 변했다. 술을 마시기만 하면 항상 그녀에게 폭력을 휘둘렀다. 더 이상 참을 수 없었던 그녀는 결국 이혼을 선택했다. 그 후, 그녀는 또 다른 남성을 만났다. 술, 담배도 전혀 하지 않고 좋은 사람처럼 보였지만 연애를 시작한 지 얼마 되지 않아 유부남이라는 뜻밖의 사실을 알게 되었다. 이런 끊임없는 '선택-실망-선택-실망' 속에서 살다 보니 어느새 그녀는 더 이상 적은 나이가 아니었다. 그녀가 나에게 "왜 제가 만나는 사람은 하나같이 이 모양일까요?"라고 하소연했다. 그건 그녀가 좋은 남성을 고르는 법을 모르기 때문이다. 수많은 '골드미스'들도 마찬가지다. 계속되는 기다림과 선택, '찌질한 남자'와 얽히고설키면서 소중한 인연의 기회를 놓쳐버린다. 나이가 들수록 배우자 찾기가 어려워지기 때문에 결국 급하게 한 명 선택해서 무미건조한 결혼생활을 하게 된다.

그렇다면 그가 당신의 이상형인지 어떻게 알 수 있을까? 다음 몇 가지 방법으로 테스트해보자.

첫째, 먼저 언행을 유심히 살펴보자. 말과 행동을 보면 그 사람을 알 수 있다. 말에 도덕적 소양이 있고 점잖고 예의가 바른 사람과 불손하고 욕이나 거친 말을 하는 사람을 비교해보면 두 사람의 기질 차이는 확연히 드러난다. 행동이 신중하고 품위 있는 사람과 부주의하고 저속한 사람도 자세히 관찰해보면 명확하게 구분해낼 수 있다.

둘째, 주변 친구들을 살펴보자. '유유상종'이라는 말이 있다. 공통점이나 비슷한 특성을 가진 사람들이 함께 모일 가능성이 높다는 말이다. 따라서 상대방이 어떤 사람인지 알고 싶다면, 그가 어떤 친구를 사귀고 있는지 먼저 살펴보는 것도 좋다. 그러면 상대방의 성격이나 됨됨이에 대한 정확한 정보를 얻을 수 있다. 그의 친구들이 모두 겸손하고 점잖거나 대범한 사람이라면 큰 이변이 없는 한 그 역시 비슷한 사람일 것이다. 하지만 친구들이 하나같이 불량해 보이고 술을 좋아한다면 그에 대해서도 잘 생각해봐야 한다.

셋째, 업무를 처리하는 태도를 살펴보자. 어떤 의미에서 일을 대하는 태도는 삶을 대하는 태도와 같다. 무슨 일이든 대충하고 책임을 회피하는 사람은 인생을 살아갈 때도 동일하게 적용된다. 이들은 직장에서 작은 어려움에만 노출돼도 회피하거나 이직하려고 한다. 그렇다면 감정적 관계를 대할 때는 틀림없이 자기중심적이 될 테고 부부관계가 위기가 처했을 때는 당장 결혼을 포기하는 쪽을 택할 것이다.

결혼은 사랑의 무덤인가,
사랑의 결실인가?

결혼은 정말 어려운 숙제 같다. 나는 수십 년 동안 결혼생활을 해온 여러 커플에게 결혼생활에 대해 물어본 적이 있다. 그들은 모두 약속이나 한 듯이 딱 한 단어로 대답했다. '인내'.

현대인, 특히 나를 포함한 여성들은 더 이상 예전처럼 전통적인 굴레에 묶여 있지 않고, 대부분 높은 수준의 교육을 받은 데다가 혼자 살아갈 수 있는 경제적 능력과 독자적인 욕구를 가지고 있기 때문에 인내하기가 쉽지 않을 것이다. 그렇다면 대체 어떤 마음가짐을 가져야 결혼을 할 수 있을까?

나는 《성경》에 나오는 사랑에 대한 설명을 좋아한다. '사랑은 오래 참고 사랑은 온유하며 시기하지 아니하며 사랑은 자랑하지 아니하며 교만하지 아니하며 무례히 행하지 아니하며 자기의 유익을 구하지 아니하며 성내지 아니하며 악한 것을 생각하지 아니하며 불의를 기뻐하지 아니하며 진리와 함께 기뻐하고 모든 것을 참으며 모든 것을 믿으며 모든 것을 바라며 모든 것을 견디느니라 그런즉 믿음, 소망, 사랑, 이 세 가지는 항상 있을 것인데 그중의 제일은 사랑이라(고린도전서 13장 중).'

그렇다면 사랑이 결혼까지 이어지면 사랑이 결실을 맺은 것일까, 아니면 사랑의 무덤으로 걸어 들어가는 것일까? 이 질문에 답하기 위해서는 먼저 어떤 결혼이 사랑의 무덤이 아닌지 살펴보아야 할 것이다.

첫째, 사랑을 신선하게 유지하는 가장 중요한 비결은 변함없는 가치관이다. 가치관은 모든 사람의 행동에 기본이 되는 원칙이기 때문에 가치관이 일치해야 부부가 여러 가지 중대한 문제들을 해결할 때 같은 선택을 하며 복잡한 세상 속에서 비슷한 호흡을 맞추며 살 수 있고 공동의 이상을 위해 노력할 수 있다. 복잡하고 객관적인 사물에 대해 거의 같은 선택을 하기 위해서는 결혼의 궁전 입성을 결정하기 전에 오랜 시간 함께 지내고 자주 소통하는 것이 매우 중요하다. 물론 결혼 후에도 시간을 내서 서로의 이야기를 들어주는 것도 사랑을 신선하게 유지하고 가치관을 일치시키는 데 도움이 된다.

둘째, 결혼에는 서로 포용하고 이해하는 태도가 매우 중요하다. 연애 초반의 불꽃 튀는 사랑이 지나가고 난 후에도 여전히 서로에 대한 마음이 확고하다면, 두 사람은 이미 서로의 생각과 감정, 행동 습관을 이해하고 충분한 고민 끝에 결혼이라는 큰 결정을 내렸을 것이다. 아내는 남편이 코를 골고 가끔씩 남성중심주의적 성향이 나올 때가 있다는 것을 알고 있고, 남편도 아내가 샤워를 하고 나면 항상 온 사방에 머리카락이 떨어져 있고 가끔 제멋대로 굴고 짜증을 낼 때도 있다는 것을 잘 알고 있다. 그럼에도 두 사람은 여전히 서로를 포용하고 이해하는 쪽을 선택한다. 이런 마음가짐이 결혼생활을 처음처럼 견고하게 만들고, 두 사람의 사랑이 오해로 인해 빨리 식어버리지 않도록 해준다.

셋째, 결혼한 사람들에게는 서로에게 충성을 다하는 것도 중요하다. 충성은 사랑이 결혼으로 이어지는 초석이고, 사랑은 헌신적이고 한결같다. 또 결혼은 철저하게 배타적이고 절대 딴마음을 품지 말아야 한다. 그러므로 결혼을 앞둔 사람들은 정신적으로 만반의 준비를 하는 것이 중요하다. 당신이 연인에서 부부로 단계를 높여서 평생 상대방과 함께하길 원한다면 이런 결혼이야말로 사랑의 초심이자 승화를 보여주는 것이다.

넷째, 존중 역시 결혼생활을 하는 부부에게 없어서는 안 될 중요한 심리적 요소다. 사랑은 열정만 있어도 누구든지 행복하게 할 수 있지만, 결혼한 사람들에게 존중은 그들 사이의 균열을 없애고 사랑을 더욱 견고하게 해줘서 서로가 평생의 반쪽이 될 수 있도록 도와준다. 그러니 사소한 일로 상대방에게 화를 내거나 상대방이 가진 문제로 잔소리하지 말자. 또 당신이 배우자라고 해서 당신에게 모든 일을 말해야 한다고 생각하는 것도 금물이다. 서로에게 어느 정도 공간을 주고 상대방이 필요할 때는 서로 돕고 의지하도록 한다. 감정에 휩싸여 잠시 자신을 제어할 수 없었다면 나중에라도 반드시 사과하는 것이 좋다. 그래야 서로가 평등하고 존중받는다는 느낌을 받을 수 있다.

그러므로 결혼에서 공통된 가치관, 포용과 이해, 충성과 헌신, 존중 등은 사랑을 가족애로 승화시켜 서로를 가족으로 만드는 촉매제 역할을 한다. 사랑에 있어 결혼은 승화의 과정이지 무덤이 아니다. 결혼에 있어서 사랑은 기초가 되긴 하지만 결혼의 전부는 아니다. 결혼이 천국이 되느냐 무덤이 되느냐는 전적으로 당신에게 달려있다.

나를 가장 사랑하는 사람에게
화를 내는 이유

밖에서 다른 사람들과 어울릴 때는 누구보다 친절하고 이성적인데, 집에 돌아와서 가족들과 이야기만 하면 인내심은 온데간데없고 온갖 짜증에 소리를 지르며 불만을 토로한다. 그러다 또 가끔은 침묵으로 일관하며 불만스러운 감정을 표출하곤 한다. 거의 모든 사람이 이런 태도를 가지고 있을 텐데, 대체 그 이유는 무엇일까?

이것은 우리 마음속에 다른 사람, 즉 외부인과 내 사람을 나누는 경계가 명확하기 때문이다. 외부인을 대할 때, 우리는 아직 상대방에 대해 잘 모르기 때문에 최대한 모든 감성과 이성을 동원하여 대화가 원활하게 진행되도록 한다. 그리고 집에 돌아오면 몸과 마음에 긴장이 풀리고 심리적인 방어막도 사라지기 때문에 감정적인 심리상태로 돌아온다. 이때 가족들과 의견이 맞지 않거나 갈등이 생기면 감정이 격화돼 감정 폭발이 일어나기 쉽다.

감정의 골을 제대로 말하지 못하면 아주 작은 일에서부터 문제가 발생하는 경우가 많다. 몇 마디 말도 하지 않았는데 말다툼을 하기 시작하고 문제가 생기면 먼저 서로를 비난하고 단점을 드러내며 심지어 비꼬기까지 한다. 미국의 유명한 의사소통 전문가이자 컨설턴트인 퍼트리샤 에반스(Patricia Evans)는 이런 상황을 '언어학대'라고 표현했는데, 언어학대는 상처가 보이지 않고 증거를 남기지 못하지만 신체적 학대보다 더 심각한 결과를 초래할 수 있다고 했다. 평소 감정이 상하거나 기분이 좋지 않으면 남편이나 아내에게 화를 내는 경우가 많은데, 정작 화를 낸 사람은 전혀 마음에 담아두지 않는다. 별일 아니라고 생각하기 때문에 무시해버리거나 그 뒤에 일어날 결과에 대해 더더욱 생각하지 않는다. 그러면서 상대방은 부정적인 감정과 불만이 조금씩 쌓여간다. 이렇게 누적된 부정적인 감정 때문에 두 사람의 감정은 소진되고 다툼은 더 잦아지는 악순환으로 이어지며 결국 모든 감정은 산산이 부서지고 만다. 사실 관계의 질은 상대방을 얼마나 깊이 사랑하는지에 달려있을 뿐 아니라 서로가 얼마나 잘 소통하는지도 중요한 요소로 작용한다. 서로 소통이 잘 되면 두 사람의 관계는 점점 더 깊어질 것이다. 하지만 어느 한쪽이 감정적으로 변하기 시작하면 두 사람은 소통의 악순환에 빠지게 되고, 불안하고 고통스럽게 된다.

대부분의 사람은 자신에게 필요한 것을 분명하게 표현하지 못하고 기분 나쁜 일이 있어도 그 원인을 제대로 말하지 못하는 경우가 많다. 그리고 마음속에 분노를 품고 있다가 나중에 이런 감정들을 마구 쏟아낸다. 이러면 오히려 관련 없는 문제들이 발생하게 되고 소통은 문제를 해결하려는 본연의 의도를 잃어버리고 한낱 무의미한 화풀이로 전락하고 만다.

바쁜 하루를 마치고 집에 돌아오면 너무 피곤하고 이유 없는 억울함이 스멀스멀 올라올 때가 있다. 그럴 때는 소파에 앉아서 아무것도 하지 않고 가만히 앉아만 있고 싶다. 그럴 때 남편이나 아내가 한두 마디 잔소리라도 하면 그동안 쌓였던 모든 불만이 순식간에 터져 나온다. 상대방이 자신의 감정을 알아주지 않고 신경 쓰지 않는다며 불평과 서운함을 쏟아낸다. 하지만 당신의 진짜 속마음은 이게 아니다. "여보, 내가 좀 피곤해서 그러는데, 잠깐만 나를 가만히 둘 수 있어?"라고 자신을 정확하게 표현하는 것이 의사소통의 첫 번째 단계다.

그리고 때로는 자신을 표현할 뿐 아니라, 상대방의 속마음을 이해해주는 잘 듣는 사람이 되어야 한다. 의사소통은 쌍방향으로 이루어지는 과정으로, 두 사람이 편하게 한 가지 이슈에 집중할 수 있을 때만 효과적인 의사소통이 가능하다. 하지만 오랜 시간 함께 하다 보면 불만과 서운함을 느낄 수밖에 없고, 서로 자신이 더 상처받은 사람이라고 여기게 된다. 그런 이유로 의사소통을 할 때 본능적으로 자신의 생각을 절실하게 표현하고 감정적인 언어로 상대방을 자극한다. 그러니 자신을 표현하기 전에 상대방의 생각에 귀를 기울이고 자신의 부족한 점을 찾아서 상호 배려와 이해를 통해 감정이 안정될 수 있도록 노력하자.

차분하고 편안한 의사소통으로 해결되지 않는 일은 없다. 우리가 가장 사랑하는 사람이 결코 떠나지 않을 거라는 생각에 그들에게 항상 감정을 쏟아내지만 우리의 이런 행동이 그들의 감정을 상하게 하고 마음을 아프게 한다. 지금 이 순간부터 제멋대로 굴던 습관을 버리고 우리 곁을 지켜주는 사람들을 사랑하며 인내심을 갖고 소통하도록 하자.

다른 사람을 만나면
더 행복해질까?

대부분의 사람이 행복한 결혼생활을 기대하지만 인생이라는 게 조금만 방심하면 바로 공격당하기 일쑤이기 때문에 스스로 행복하다고 생각하는 결혼은 종종 사소한 문제로 깨지기 쉽다. 이번에는 누구 집에 가서 명절을 쇠는지, 화장실 청소는 누가 하는지 같은 정말 사소한 문제들이다.

결혼한 지 얼마 안 돼서 지겨움을 느끼거나 심지어 이혼하는 경우가 늘어나는 이유는 현대인들이 이혼을 대수롭지 않게 생각하고 싫은 사람과 군이 함께 살 필요가 없다고 생각하기 때문이다. 또 외동으로 자라는 경우가 많아지면서 기분 나쁘거나 서운한 일이 생기면 먼저 문제를 해결하기보다는 '내가 왜 이런 수모를 당해야 하지?'라는 생각에 견디지 못한다. 성장하는 과정에서 아무래도 자기 자신이 중심이 되다 보니 상대방에게 온전한 배려를 받지 못한다는 생각이 들면 견디기 어려워하는 경우가 종종 있다.

두 사람의 달콤했던 결혼생활을 불행하게 만든 것도 모자라 서로를 미워하게 되는 이유는 무엇일까? 애초에 잘못된 결혼이었을까? 가정환경의 차이? 아니면 너무 큰 성격 차이? 그렇다면 다른 사람을 만나면 더 행복할까?

이런 상황이 발생하는 첫 번째 이유는 모두 알고 있겠지만 바로 이미 알고 있던 자신의 단점이 드러나기 때문이다. 다른 사람의 결혼생활을 분석할 때는 이 점에 대해 담담하게 말할 수 있지만, 자신에게 일어나는 일은 의식하지 못할 뿐 아니라 무의식적으로 계속해서 감추고 거부한다. 시간이 흐르고 결혼 후 심리적인 여유가 생기면 이런 문제들이 다양한 방법으로 드러나고 상대방의 불만과 반격을 야기한다.

마치 열등감에 빠진 남성이 결혼한 후에 자신의 열등감을 인정하지 않고 애써 숨기는 것과 같다. 그러나 아내의 외향적이고 발랄하고 사람들에게 인기 있는 모습에 그는 고통스러워하고 심지어 위기의식까지 느끼게 된다. 그래서 아내가 침착하지 못하고 가정을 잘 돌보지 않는다고 핀잔을 주거나 자기밖에 모른다는 등 다른 방식으로 표현한다. 물론 아내도 이런 감정과 불만을 느끼고 싸우면서 반격하기도 하고 그보다 더 나은 자신을 증명해 보이기도 한다. 하지만 이 두 가지 반응 모두 남편을 더 힘들게 한다.

이런 상황에서는 부부관계가 깨져도 문제가 어디에 있는지 모르는 경우가 많은데, 사실 이 모든 것은 각자의 단점에서 시작된다. 물론 많은 사람이 이 사실을 쉽게 인정하지 않는다. 완벽한 사람은 없다. 그러니 다른 사람이 자신을 어떻게 평가하는지 더 많이 물어보고 성찰을 통해 자신의 부족함을 발견하여 그것을 제어하고 개선해 보자.

사랑하는 사람에게 싫증이 나는 두 번째 이유 역시 우리 자신이다. 당신이 그 사람을 남자친구 혹은 남편으로 선택한 것은 분명히 그에게 끌리는 부분이 있었기 때문일 것이다. 그가 당신에게 잘해줬기 때문이거나 훈훈한 외모를 가졌거나, 아니면 의지할만한 사람이었기 때문일 것이다. 이 것은 당신이 가장 처음 갖는 기대다. '나는 꼭 이런 사람을 만날 거야!'라고 정해두고 사랑에 빠지면 이 기대와 조건에만 집중하고 다른 조건은 무시한다. 그러나 시간이 흐름에 따라 처음에 생각했던 조건이 충족되면 점차 다른 조건이 생겨나고 상대방이 충족시켜주지 못하면 실망과 불만, 분노가 일어난다.

예를 들어, 많은 여성이 자신보다 나이가 많고 아버지처럼 자신을 돌봐주고 의지가 되어줄 수 있는 배우자를 원한다. 지금도 어릴 때처럼 그런 욕구들이 충족되길 바라기 때문이다. 하지만 나이가 들수록, 아이를 낳고 성장함에 따라 자연스럽게 성숙과 자립의 옷을 입게 되면 더 이상 아버지 같은 사람은 필요하지 않게 된다.

따라서 배우자를 선택할 때는 현재 자신이 좋아하는 그가 가진 특성을 고려하는 것 외에 자신의 다른 욕구도 신중하게 생각해야 한다. 물론 그가 당신의 어떤 점을 좋아하는지 물어보고 당신의 그런 점이 그를 계속 매료시킬 수 있을지 아니면 단순히 일시적인 것인지도 생각해 봐야 한다. 평소 그와 함께 있을 때 자신의 필요를 이야기하고 그가 무엇을 원하는지 물어보면서 서로 소통하고 그때그때 맞춰나가면 서로의 필요를 만족시킬 수 있다.

마지막 이유는 앞뒤가 맞지 않는 모순된 기대이다. 앞서 언급했듯이 상대방의 어떤 행동 때문에 싫증이 나는 게 아니라 당신 자신 때문일 때가 많다. 바로 모순된 기대가 가장 두드러지는 대목이다. 우리는 가끔 자신과 정반대의 성격을 가진 사람에게 끌리지만 오래지 않아 그 차이에 싫증을 느끼면서 다시 자신과 비슷한 사람에게 끌린다. 바로 자기욕구의 모순이 만들어 낸 사랑의 비극이라고 할 수 있다.

사실 사랑하는 사람에게 바라는 모순은 자신에게도 모순이다. 당신은 이런 사람 혹은 저런 사람이 되기 원하지만 행동하지 않고 그 상태에 도달하지 못해서 연인 혹은 남편으로부터 보상을 받고 싶어 한다. 그러나 상대방이 당신의 기대에 부응하든 그렇지 않든, 당신은 만족하지 못할 게 뻔하다. 이때 제시할 수 있는 가장 강력한 해결책은 당신 스스로 움직이고, 되고 싶은 사람이 있으면 그렇게 되도록 노력하는 것이다. 기대가 저절로 충족되면 상대방에게 무리한 요구는 하지 않게 된다.

　많은 연인이나 부부가 헤어지고 나서 다른 상대를 찾더라도 똑같은 고민을 하게 되는데 문제의 핵심은 자신에게 있기 때문이다. 다른 사람을 만나도 같은 결과를 되풀이할 것이다. 부부싸움과 권태는 흔한 일이다. 희망이 보이지 않을 때는 자신에게 문제가 있는지, 변화를 통해 어려움을 극복할 수 있을지 한 번쯤 생각해 보는 것이 좋다. 관계를 돌이킬 수 없다고 확신한다면 다른 사람과 만날 때 상대방과 자신에게 행복할 가능성을 주기 위해 미리 마음가짐을 다잡는 것을 잊지 않길 바란다.

결혼생활에서 자신을
치유하고 성장시키는 방법

왜 결혼을 해야 하는지에 대해 의문을 품는 사람들이 많다. 결혼 후에도 이렇게 문제가 많은데, 결혼이 갖는 의미는 도 대체 무엇일까? 이 문제에 대해 이야기해보도록 하자.

모순이 많고 싫증나게 하는 사람들은 대부분 문제의 이면 에 있는 암시를 깨닫지 못한다. 다시 말해서 결혼은 갈등이 생길 때마다 그때가 바로 자각할 때라는 사실을 일깨워준 다. 친밀한 관계에서는 조금만 경계심을 풀어도 자기 내면 의 필요를 쉽게 알아차릴 수 있다. 우리에게 남편 또는 아내 라는 거울이 있기 때문에 이들을 통해, 갈등을 통해 자기인 식과 깊은 이해가 가능하다.

그렇다면 우리는 무엇을 알고 이해해야 할까? 먼저 원가정이 자신에게 어떤 영향을 미쳤는지, 자신의 삶에 원가정의 그림자는 없는지 알아야 한다.

우리는 살면서 최소 두 가정을 만나게 되는데, 하나는 어릴 때부터 자란 가정인 '원가정'과 성인이 된 후 스스로 이룬 가정인 '현가정'이다. 종종 원가정의 문제가 현가정까지 이어져서 영향을 끼치는 경우가 많다. 어린 시절 어떤 욕구가 충족되지 않았을 때와 비슷한 상황에 처하면 마치 '감정버튼'을 누른 것 같이 그 당시의 감정을 건드려서 동일한 감정을 느끼게 된다. 그러면서 자연스럽게 갈등도 빚어진다. 예를 들어, 어렸을 때 부모님은 당신이 덜렁대기만 하고 잘하는 게 없다고 싫어하셨고, 이는 가족과의 친밀한 관계에서 열등감을 갖게 했다. 성인이 돼서 당신의 가정을 꾸리고 나서도 내면의 열등감이나 어린 시절의 고통을 쉽게 드러내지 않아서 다른 사람들의 눈에는 더없이 화목하게 보인다. 그런데 어느 날, 당신의 배우자가 어떤 일을 하는데 너무 굼뜨고 집안을 엉망으로 만들어 놓았다면 당신은 어린 시절 부모가 당신에게 했던 것처럼 화를 내며 분노를 표출할 것이다. 이렇게 되면 가정에 갈등이 터지고 작은 일이 큰일이 돼버리고 만다.

전반적으로 이미 현가정에서 생활하고 있더라도 원가정

부모와의 관계 패턴을 무의식적으로 모방한다. 또는 어렸을 때 충족되지 않은 욕구를 채울 기회를 찾으려고 한다. 이때 배우자의 역할은 함께 원가정으로 돌아가 상처의 근원을 찾을 수 있도록 도움을 주는 것이다.

과거의 기억을 돌이켜 당신이 배우자를 사랑한 이유를 생각해보면 아마도 원가정의 영향이 크게 작용했을 것이다. 예전에 내가 상담했던 여성도 그랬다. 어려서부터 착한 딸이었던 그녀는 부모님 말씀도 잘 듣고 모든 사랑을 독차지하며 자랐다. 그런데 연애를 할 때마다 항상 나쁜 남자를 만났다. 그녀는 여느 때와 마찬가지로 사기꾼과 사랑에 빠졌다. 그녀의 마음을 사고 돈까지 뜯어낸 정말 악질 중의 악질이었다. 주변 사람들이 진실을 말해도 그녀는 그를 보호하기 바빴다. 심지어 그가 그녀의 신용카드를 훔쳐 갔을 때도 친구들이 경찰에 신고하지 못하도록 막았다. 그녀가 이렇게 행동하는 이유는 매우 단순했다. 스스로 부모 역할에 너무 몰입한 나머지 그 사람이 무슨 짓을 하든, 설령 자신이 상처를 입더라도 그를 도와야 할 의무와 책임이 있다고 생각했다. 방관자인 우리에게는 그녀의 이런 '성모'처럼 보이는 어리석은 행동이 잘 보이지만, 우리 자신에 대해서는 어떤가? 충분히 명확하게 보고 있는가?

이쯤 되면 자신이 선택한 사람이 정말 앞으로 함께 하고

싶은 사람이 맞는지 의문이 들지도 모른다. 그렇다고 당황할 필요는 없다. 당신의 배우자가 당신의 원가정의 누군가와 비슷한 기질을 가지고 있다고 하더라도, 또 그 기질이 당신을 화나게 하거나 아프게 한다고 해도 큰 문제는 아니다. 그는 당신을 과거로 되돌려 근본적인 문제를 해결하고 상처를 말끔히 치유할 수 있는 사람이기 때문이다. 사랑하는 사람이 당신과 함께 원가정의 아픔을 치유해 준다면 두 사람의 갈등과 문제도 함께 사라지게 될 것이며, 여전히 존재하더라도 감정을 증진시키는 초석이 될 것이다.

다른 사람도
그리 좋지 않을 수 있다

"저 사람 남편은 아내한테 저렇게 잘하는데, 당신도 좀 보고 배워." "내 친구 여자친구는 애교도 많고 상냥하대. 넌 언제 그렇게 해볼래?" 어려서는 부모님에게 다른 집 자녀 얘기를 많이 들었는데, 지금은 연애하면서 다른 사람의 여자친구 혹은 남자친구 얘기를 듣는다. 이런 불평을 듣고 있으면 어떤 기분이 드는가?

왜 사람들은 늘 '저 사람은', '저 집은' 이렇게 비교하는 사고를 할까? 이것은 원가정과 관련이 있다. 어린 시절 부모가 다른 집 아이와 자신을 비교하는 환경에 계속해서 노출되어 있었다면 어쩔 수 없이 '다른 사람'식 사고가 주입될 수밖에 없다. 그래서 성인이 된 후에 그런 생각으로 주변 사람들을 원망하게 된다.

　다른 한편으로는, 이렇게 비교를 하는 것은 상대방이 자신의 욕구를 충족시키지 못하는 경우가 많기 때문에 이러한 비교를 통해서 상대방에게 변화나 더 나은 발전을 알려주고 싶은 것이다. 친구 집에 놀러 갔는데, 친구는 손님맞이로 무척 분주해 보였고, 친구의 남편은 친구의 어깨를 주물러 주고 옆에서 설거지를 도와주고 있었다. 그때 당신은 남편에게 "이 집 남편은 얼마나 다정한지 좀 봐봐!"라고 한 마디 던진다. 그런데 사실 당신의 속마음은 '내게도 좀 친절하게 대해줄 수 없어? 내가 바쁠 때 도와줘.'라는 의미가 들어있다. 하지만 이런 비교로 꼭 원하는 바를 이룰 수 있는 것은 아니며, 오히려 그 반대인 경우도 많다. 그의 입장에서 이 말을 들으면 '다른 사람의 남편이 좋다는 건 내가 나쁘다는 거야? 내가 뭐 어때서? 그렇다고 내가 못해준 것도 없잖아?'라고 반응할 수밖에 없다. 당신이 상대방을 비교한 것처럼 반응도 마찬가지일 것이다. 실제로 달라지는 건 아무것도 없고 괜히 두 사람의 심기만 불편해진다.

　당신의 배우자를 다른 집 배우자와 비교하지 마라. 이런 보이지 않는 비교는 상대방에게 적지 않은 타격을 줄 수 있다. 당신의 원래 의도가 상대방이 바뀌기를 바라는 것이더라도 그 결과는 완전히 반대로 나타날 수 있다. 상대방에게 불만이 있다면 그것에 대해 직접 소통하고 개선이 필요한 부분을 지적하는 편이 소위 측면공격보다 훨씬 효과적이다. 바쁠 때 상대방이 조금만 분담해 줬으면 좋겠다는 생각이 들면, 그냥 "나 좀 도와줬으면 좋겠어."라고 말하면 된다.

누군가와 비교하고 싶을 때는 상대방이 가진 장점과 그를 선택한 이유를 먼저 생각해 보자. 당시에 그를 좋아했던 이유와 그에게 끌렸던 부분이 무엇이었는지 스스로에게 말해주는 것도 좋은 방법이다. 잘 생각해보면 당신이 상대방을 원망하고 다른 사람과 비교한다는 것 자체가 자신의 안목을 낮추고 있는 것 아닐까? 어쨌든 애초에 그를 선택한 건 당신이다!

부부로 살아가는 방법

예전에는 부부가 함께 사는 방식이 따로 정해져 있지 않고 그냥 마음대로 하면 되는 줄로만 알았다. 우리는 무조건적으로 사랑 받는 아내와 그 모습을 보고 기뻐하는 남편의 모습을 자주 보고, 두 사람이 서로 독립적이고 자유로운 존재로 함께 발전해 나가거나, 각자의 즐거움에 취해 서로를 이해하지 못하는 모습도 많이 봐 왔다.

사실 부부가 함께 사는 방식에 따라 결혼 관계도 달라진다. 이것은 교류심리학자 에릭 번(Eric Berne)의 '교류분석이론(Transactional Analysis)'에서 확장된 것으로 '성인-부모-아동' 이론으로 불리며, 여기서 '성인, 부모, 아동'이 가리키는 것은 부부 두 사람이 결혼 관계에서 받은 역할이다. 이들이 갖는 역할에 따라 다음과 같은 세 가지 유형으로 나눌 수 있다.

첫 번째는 '성인-성인' 유형이다. 이것은 가장 건강한 교제 방식이라고 할 수 있다.

이 교제 방식에서 남편과 아내는 '성인'으로서 각자의 인격적 독립을 유지하면서 상대방의 일에 지나치게 간섭하지 않으며, 결혼 후에도 서로에게 충분한 자유를 준다. 그들은 서로를 과하게 사랑하지 않지만 무책임하게 내팽개치지도 않는다. 그들에게 결혼은 그저 서로의 인생에 조미료처럼 있으면 풍부한 맛을 내지만 없다고 해서 맛이 없는 건 아니기 때문에 굳이 찾지 않는다.

'성인-성인' 유형의 두 사람은 친밀도가 점점 높아져 어려움이 닥치면 함께 해결하고 행복한 일도 함께 나누게 된다.

두 번째는 '부모-아동' 유형이다. 이 유형은 일반적으로 '모(母)-자(子)'와 '부(父)-녀(女)'의 두 가지 유형으로 나타나는데, 약간 병적인 부분이 없지 않다.

'부-녀' 유형을 예로 들어보자. 이 유형에서 아내는 남편에게 무한한 보살핌과 사랑을 갈구하는 아이나 딸의 역할을 하고, 남편도 기꺼이 '아버지'의 역할을 맡아 아내에게 무한한 사랑을 주며 한동안 행복하게 지낸다.

하지만 시간이 지나면서 남편은 아내가 연기하는 '아동'

내면의 자아와 의존에 지쳐서 두 사람의 관계를 바꾸려 하지만 아내는 여전히 인식하지 못한다. 아내는 남편이 변했고 자신을 사랑하지 않는다고 생각하고, 남편은 아내가 유치하다고 생각할 것이다. 그러다 보면 자연스럽게 두 사람의 결혼생활에 위기가 찾아온다.

세 번째는 '아동-아동' 유형이다. 세 가지 유형 중 가장 불안정한 유형이다.

두 아이가 함께 지내는데 어떻게 충돌하지 않고, 감정적으로 행동하지 않을 수 있겠는가? 사실상 불가능하다. 상대방이 양보하지 않으면 자신도 양보하지 않고, 자기중심적이면서 책임은 지지 않으려는 두 사람이 함께 지낸다면 어떻게 될까?

쇼핑을 하다 보면 이런 어린 커플이나 어린 부부를 자주 만난다. 그들은 항상 팔짱을 끼고 다니고, 식당에 앉아서도 알콩달콩 애정 표현을 하는 걸 보면 관계가 좋아 보인다. 그런데 무슨 일이 생기면 상황은 완전히 달라진다. 예를 들어, 음식을 주문할 때 평소 부추만두를 좋아하는 아내는 남편이 부추를 싫어해도 아랑곳하지 않고 주문한다. 그러면 남편은 일부러 아내가 싫어하는 양파가 들어간 양파볶음을 시킨다. 적의 칼로 적을 베는 격이다. 이런 식으로 상대방을 위해 아무도 양보하지 않고 타협하지 않다가 결국 두 가지 음식을 모두 주문한다. 물론 음식이야 각자 먹으면 되지만 처음의 좋은 분위기는 일찌감치 깨지고 만다.

위의 사례에 나온 부부들이 사는 방식이나 다툼, 냉전의 방식이 매우 유치하다는 것을 눈치 챘는지 모르겠다. 두 사람은 아이처럼 자신이 원하는 것이면 무조건 얻어야 하고, 다른 사람의 생각은 아랑곳하지 않고 어떻게든 상대방의 보살핌만 받으려고만 하고 책임은 조금도 지려고 하지 않는다.

이 세 가지 유형에 대해 아직 이해하지 못했다면 한 가지 예를 더 살펴보자.

여기 사탕 하나가 있는데, 엄마와 아들이 둘 다 먹고 싶어 한다면 결과는 어떨까? 그렇다. 분명히 그 사탕은 아들에게 돌아갔을 것이다. 이것은 우리가 앞서 살펴본 두 번째 유형에 속하는 사례로 '부모-아동' 유형이다. 이제 성인 두 명으로 바꿔서 생각해보자. 아마 서로 양보하거나 반씩 나눠서 먹었을 것이다. 이것은 '성인-성인' 유형으로 가장 건강한 관계를 보여준다. 하지만 두 아이가 동시에 먹고 싶어 한다면 이야기는 달라진다. 누구도 양보하지 않을 테니, 한바탕 전쟁이 일어났을 것이다. 이것이 전형적인 '아동-아동' 유형이다.

부모와 자녀가 함께 있을 때 자녀의 어리광과 떼는 충분히 받아들여진다. 모든 이기적인 행동들도 아직 어린아이이기 때문에 가능한 것이다. 부모가 자녀에게 무한한 애정과 관심을 주는 것은 지극히 당연한 일이다. 한쪽은 끝없이 요구만 하고, 다른 한쪽은 끝없이 주기만 하는 상태다.

이 상태는 앞서 언급한 '부모-아동' 유형과 매우 흡사한데, 이 유형에 대해 조금 더 자세히 알아보도록 하자.

"처음에는 별도 따다 줄 것처럼 원하는 대로 다 해주고, 해달라는 건 다 해줬어요. 그런데 사람이 점점 변하더라고요. 말을 해도 듣는 둥 마는 둥 하고 가끔은 정말 한 귀로 듣고 한 귀로 흘려버리더라고요. 그러다 보니 나중에는 날 사랑하기는 하는 건지, 혹시 다른 여자가 생긴 건 아닌지, 별생각이 다 들었어요." 많은 아내가 가장 많이 하는 고민이다.

그런데 알고 보면 남편은 다른 사람을 사랑하는 것이 아니라 둘 사이에 생긴 문제로 인해 완전히 지쳐 버린 것이다. 이럴 때는 먼저 두 사람이 함께 살아가는 유형부터 파악해 보는 것이 좋다. 아마도 당신은 항상 '딸' 역할을 하고 남편은 '부모' 혹은 '아버지' 역할을 하고 있을지도 모른다. 당신은 '아버지'에게 원하는 것을 마음대로 요구하고, 그는 당신을 너그럽게 받아주고 넘치는 사랑을 보여준다. 당신은 그의 관심과 사랑을 즐기며, 그 또한 당신에게 세심하고 따뜻한 피난처를 제공하는 데 몰두한다. 물론 이 상태로 한동안은 평온하게 살 수 있다.

하지만 어떻게 보면 이것은 부부가 함께 살아가는 데 있어 약간은 비정상적인 모습이라고 할 수 있다. 얼핏 보면 아버지–딸, 딸–아버지는 동등하고 친밀한 관계이지만 아버지 역할을 하는 남편은 오랜 시간 주기만 하다 보니 극도로 지치고 강한 책임감이 그를 점점 짓누를 것이다. 그러다 보면 그도 자연스럽게 이 관계가 건강하지 않다고 생각하게 될 것이다. 그에게 필요한 건 아이가 아니라 아내다. 하지만 지금 이 순간에도 당신은 아까 봤던 그 가방이 눈앞에 아른거릴 뿐이다. 두 사람 사이에 존재하는 문제들은 안중에도 없다. 더 이상 참을 수 없다는 그의 반응에 당신은 무슨 영문인지 몰라 어리둥절할 것이다.

그리고 아이를 갖게 되면 그의 책임은 더욱 막중해지며, 상황은 더욱 나빠질 수 있다. 진짜 아이를 돌봐야 할 뿐만 아니라 '큰아이'인 당신도 보살펴야 하기 때문에 너무 바빠서 정신이 없을 것이다. 물론 또 다른 상황도 생기는데, 그동안 아이 역할을 하던 당신은 지나친 통제와 애지중지가 사람을 얼마나 숨 막히게 하는지 깨닫게 된다. 그래서 그의 통제에서 벗어나고 싶어 하고 당신 내면의 반항심은 계속해서 자유를 부르짖는다. 그가 당신의 일상 활동까지 제한하기 시작하면 두 사람의 관계는 교착 상태에 빠지고 만다. 서로 다른 욕구는 불평등한 관계를 초래한다고 하는데, 여기에 모순이 있다.

혹시라도 당신의 상황을 꿰뚫어 보기라도 한 것처럼 당신에게 이와 비슷한 문제를 가지고 있다는 걸 알게 되더라도 당황하지 말자. 이 친밀한 관계에서 당신의 위치와 역할을 파악하는 것이 급선무다. 당신은 아이나 부모가 아닌 자격을 갖춘 아내 혹은 남편이라는 사실을 기억해야 한다. 그리고 시간을 내서 상대방이 바라는 아내 혹은 남편은 어떤 모습인지, 그에 대해 당신은 어떤 생각을 갖고 있는지 서로 오랜 시간 이야기를 나누도록 하자. 소통과 교제야말로 부부 문제를 해결하는 가장 좋은 약이다.

유치형(幼稚型) 배우자는 물방울 두 개의 관계와 같다. 배우자 유형을 '물 두 방울'로 설명하는 것은 그들의 관계가 물처럼 부드럽거나 포용력이 풍부하다는 것을 의미하는 것이 아니라, 그들의 결혼 관계의 특성이 완전히 겹치고 고도로 융합된 1+1=0의 공생 관계라는 것을 의미한다. 배우자의 신경질적인 성격은 대부분 두 사람 다 의존적 성격이거나 한 명은 의존적 성격이고 다른 한 명은 자기애적 성격을 갖고 있는 경우에 있다. 그들의 결혼생활은 겉으로는 서로 애틋

하고 배려하고 영원히 헤어지지 않을 것처럼 보인다. 그러나 그들이 마음속 깊이 느끼는 감정은 엄마와 갓 태어난 영아의 공생 관계와 비슷하다. 배우자는 영유아기의 감정적 갈증을 보충하거나 그 당시 엄마에 대한 애틋함을 되풀이하는 것이다. 만약 관계가 깨지면 그들은 극도의 공허함과 무력함, 불안함을 느끼게 되는데, 마치 아이가 엄마를 떠날 때 겪는 일종의 분리불안과 같다.

일반적으로 연애와 결혼 초기에는 달콤한 공생의 단계를 거친다. 하지만 사람은 성장해야 하고 결혼생활도 발전해야 하기 때문에 늘 공생 단계에만 머물 수 없다. 정상적인 결혼은 '공생' 단계를 지나 서로의 개성을 존중하는 '개성화' 단계로 나아가야 한다. 하지만 신경성 인격장애를 가진 배우자의 경우, 이상적인 자아에 따라 결혼생활을 제어한다. 그래서 결혼한 지 얼마 되지 않아 그들은 배우자가 더 이상 과거와 같은 달콤한 행복을 주지 않는다는 것을 알게 된다. 그리고 속았다는 느낌이 들면 실망은 바로 분노로 바뀌고, 냉전과 질투, 스토킹 등의 방법으로 상대방을 공격하기 시작한다. 상대방의 환심을 산 후에 자신의 의지에 복종하게 하거나, 실망과 상처받은 모습으로 죄책감을 유발하거나 분노와 비난으로 상대방을 협박하거나 아무렇지 않은 척으로 상대방의 통제욕을 약화시키기도 한다. 이런 유치형 배우자는 환상적인 애착형 공생 관계에서 상대방을 고통스럽게 하는 적대적인 애착형 또는 분열형 관계로 갈 수밖에 없는 운명이다.

자신을 제대로 알고 관계의 심리적 경계를 세우고 배우자가 자신의 자아로 성장할 수 있도록 하자. '성인–성인' 유형이 가장 건강한 관계다. 두 사람의 유치성 결점을 고칠 수 있다면 더 완벽하고 행복한 결혼생활을 누릴 수 있을 것이다.

삼각관계에 빠진 가족

며칠 전 출근하는 길에 마침 외출을 나선 이웃집 식구들을 만났다. 아빠와 엄마가 아이 손을 잡고 서로 즐겁게 이야기를 나누는 모습이 얼마나 따뜻하고 보기가 좋던지, 그 장면이 오후까지도 쉽게 잊히지 않았다. 그리고 갑자기 '행복한 가정은 비슷한 이유로 행복하지만, 불행한 가정은 저마다의 이유로 불행하다'는 말이 떠올랐다. 저 가족은 참 행복한 가정이다. 부모와 자녀가 함께 있고, 마치 세 사람이 연애라도 하는 것처럼 열정적이고 신선하며 서로를 아끼고 사랑한다. 지금부터는 '세 사람이 서로 사랑하는 행복한 가족 모델'에 대해 이야기해보려고 한다.

사실 심리학자들은 이미 행복한 가족 모델에 대해 현실적

차원이 아닌 좀 더 심층적인 심리적 차원으로 결론을 내렸는데, 정삼각형의 심리적 관계와 일치하는 가정은 모두 가장 쉽게 행복해질 수 있는 가정이라고 했다.

대부분의 사람이 삼각관계는 가장 안정적인 관계라고 알고 있는데, 그렇다면 이 삼각관계를 가정에 적용했을 때는 어떤 모습일까? 아버지와 어머니, 자녀가 각각 한 변씩 차지함으로써 다 같이 삼각형의 가족 모델을 형성한다. 그중 정삼각형의 가족 모델에서는 부부관계와 부모자식관계에 사랑이 고르게 분포되어 있어 어느 한쪽이 균형을 잃으면 가정 내 크고 작은 문제가 일어나거나 제3자를 끌어들여 세 사람 모두 피해를 볼 수 있다.

예를 들어, 가정에서 아내는 남편에게 불만이 있으면 자녀와 더 많은 시간을 보내거나 자녀에게 남편의 흉을 보기도 한다. 이렇게 되면 부부관계에 문제가 생길 뿐만 아니라 자녀와 부모의 관계를 나타내는 두 변의 길이가 달라지고, 부모와 자녀 간에도 점차 문제가 생기게 된다.

위의 사례에서 알 수 있듯이 가족의 삼각관계에서 부부관계는 가장 중요한 역할을 하며 가정의 견고한 초석이 된다. 일단 부부관계에 문제가 생기면 정삼각형이 임의의 삼각형으로 변형되기 때문에 자녀가 가장 큰 피해자가 된다. 이혼을 했거나 이혼을 앞둔 가정에서 부부 사이가 멀어지는 것

처럼 이때는 두 사람이 자녀에게 충분한 사랑을 준다고 해
도 이미 멀어진 거리로 인해 그 힘을 점점 잃게 된다. 심지
어 자녀가 부모의 갈등을 자신의 책임이라고 생각해서 깊은
자책감과 자괴감에 빠지게 되는 부작용까지 발생하게 된다.

그렇다면 우리는 어떻게 가장 행복한 가족 모델에 가까워
질 수 있을까? 그것을 위해 몇 가지 조언을 해볼까 한다.

첫째, 유익한 다툼은 가족의 삼각관계를 견고하게 해준
다. 아무런 대립도 갈등도 없는 가정은 존재하지 않는다. 그
렇다고 일부러 다투라는 말은 아니다. 다툼이 일어났을 때
반드시 기억해야 할 것이 있다. 다툼은 분노를 표출하거나
상대방을 비난하기 위한 것이 아니라 상대방이 자신을 이해
하고 이를 바탕으로 서로의 변화를 꾀하기 위한 것이라는
사실을 스스로 상기해야 한다.

둘째, 가족 한 사람의 시간을 무제한으로 차지하지 않도
록 한도를 잘 정해두어야 한다. 예를 들어, 자녀가 엄마와
떨어지기 싫어한다면 부부가 함께 보낼 수 있는 시간이 크
게 줄어들게 된다. 남편은 자녀만 돌보는 아내에게 불만을
품게 되고 아내는 자녀가 너무 집착하는 것에 대해 걱정하
기 시작한다. 이 모든 것은 삼각관계의 불균형에 의해 나타
난다. 그러므로 누구든지 상대방의 관심을 지나치게 요구해

서는 안 된다. 정삼각형인 만큼 베풀고 받는 관심이 서로 평등하고 동일해야 한다.

셋째, 매일 온 가족이 함께하는 시간을 정해서 서로를 이해하고 관계를 발전시킨다. 어느 가정이든 서로를 이해하지 못하고 오해가 생기는 경우가 종종 발생한다. 서로의 성격과 환경 등을 좀 더 많이 알게 되면 상대방의 행동을 이해하고 공감할 수 있지 않을까? 온 가족이 함께 보내는 시간은 단순히 자녀의 성장 과정에만 필요한 것이 아니라 부부관계에서 필수적인 부분이기도 하다.

삶의 균형을 찾아 정삼각형의 가족 모델에 조금씩 다가가 보자. 다투더라도 선을 넘지 않고, 오해가 생겨도 냉정하게 대처하지 않고 서로 사랑한다면 세 사람은 잊지 못할 가정을 경험할 수 있다.

당신의 가정과 이상적인 행복한 가정의 차이는 무엇인가?

우리는 부모님이 만든 가정에서 태어나 행복하게 자라다가 사랑하는 사람을 만나 새로운 가정을 꾸리고, 퇴근해서 집에 돌아오면 후다닥 옷을 갈아입고 서로를 위해 저녁 식사를 준비하는 화목한 가정을 꿈꾼다. 하지만 현실 속 많은 부부가 자주 다투거나 무력감과 슬픔 때문에 평생을 함께하기로 선택한 것을 후회하기도 한다. 과연 실제 부부와 이상적인 가족관계의 차이는 무엇일까? 이 무력한 상태를 어떻게 전환할 수 있을까? 몇 가지 요령을 알려줄 테니 꼭 참고해 보길 바란다.

첫째, 수다스러운 불평을 능숙한 의사소통으로 바꾸자. 똑똑한 여성은 감정을 소비하지 않고 관리할 줄 안다. 아내에게 남편은 피난처이자 안식처이기 때문에 아내는 남편 앞에서 자신의 억울함과 분노, 성질을 가감 없이 드러낸다. 하지만 집에 돌아온 후부터 계속되는 아내의 비난과 이유 없는 잔소리로 인해 퇴근 후 누리고 싶은 휴식과 여유는 점점 사라지게 되고 아내에 대한 애정도 점차 희미해진다.

감정을 다룬다는 것은 하고 싶은 말을 지혜롭게 표현하는 것을 말한다. 먼저 그의 기분을 살펴보자. 만약 말수가 급격히 줄었거나 몹시 지쳐 보인다면 옆에 조용히 앉아서 가볍게 포옹해주는 것만으로도 기분을 좋아지게 할 수 있다. 그의 기분이 누그러질 때까지 기다렸다가 당신이 하고 싶은 말을 시작해보자. 남편이 당신의 말을 진심으로 경청하기를 원한다면 먼저 그의 생각과 행동을 공감해준 후에 자신의 감정을 이야기하고 마지막으로 남편에게 원하는 것을 간결하게 표현하는 것이 훨씬 효과적이다.

둘째, 진심 어린 칭찬으로 상대방에게 보답한다. 다른 사람에게 보이는 체면을 중시하는 여성은 항상 남편의 칭찬을 당연한 것으로 여기지만 칭찬도 역시 상호적이기 때문에 당신이 항상 받기만 하고 돌려주지 않으면 상대방도 점점 의욕이 떨어지고 이로 인해 갈등이 발생할 수 있다.

칭찬은 상호적이기 때문에 상대방을 칭찬할 줄 아는 것도 매우 중요하다. 평소 남편이 당신을 아름답고 이해심이 많다고 칭찬한다면 당신도 그의 행동이나 옷차림, 일 등을 관찰한 후 이에 따른 피드백을 줄 수 있다. 예를 들어, 쉬는 날 그가 스스로 집안일을 도와주었다면 당신은 그가 당신의 마음을 너무 잘 알아준다고 칭찬해준다. 또 그가 멋지게 차려입고 외출하려고 할 때 넥타이를 정리해주며 멋있다고 칭찬해주고, 그가 맡은 프로젝트가 성공적으로 끝났을 때 그의 노력과 성과에 아낌없는 박수를 보내주자. 이런 것들은 모두 그를 행복하게 할 수 있는 작은 방법이다.

셋째, 내면의 무례함과 난폭함 대신 예의를 갖춰라. 당신이 남편의 동선을 파악하는 데 열중한다면 남편에게 끝없는 고민과 실망을 안겨줄 것이다. 부부간의 신뢰를 잃는 것은 고사하고 서로 지켜야 할 최소한의 예의조차 남아있지 않을 것이다. 그러니 서로를 존중하는 것이 최선의 해결책이다. 예를 들어 그의 사생활을 들춰보지 않고 그의 선택과 결정에 대한 권리를 존중해주고 사적인 공간을 보장해주고, 자녀 앞에서 아버지의 모습을 폄훼하지 않는 것 등이다. 진정한 존중은 두 사람 모두를 편안하게 해주고 자신의 존엄을 지키는 것이다.

가정의 화목은 누구나 꿈꾸는 삶의 모습이다. 마치 아름다운 정원처럼 잘 가꾸기 위해서는 부부가 함께 노력을 기울여서 좋은 가족관계를 만들어나가야 한다.

6장

열매가 없는 연애도
치유의 여정이다

세상은 메아리 계곡이다.
잊지 않고 있으면 반드시 돌아온다.
당신이 크게 소리치면
산골짜기가 울리고
그 소리가 천 리에 달해
결국 세상 저편에 가서 닿는다.

고백을 거절당한 후
빨리 잊어버리는 방법

당신이 그를 마음에 품고 짝사랑을 한 지도 벌써 오래다. 그 사람의 그림자만 봐도 너무 좋아서 가슴이 콩닥거리고, 목소리만 들어도 긴장돼서 심장이 멎을 것만 같다. 매일 어떻게 하면 그 사람과 한 번이라도 더 마주칠까 고민하고 또 고민한다. 잠들기 전에는 꿈속에서라도 만나게 해달라고 수십 번 기도한다. 그러다 마침내 용기를 내서 고백했는데 거절당하고 말았다.

고백을 거절당했을 때, 어떻게 하면 그 충격에서 벗어나 다른 사람을 계속 사랑할 수 있는 능력을 잃어버리지 않을 수 있을까? 여기서는 고백 후 거절당했을 때 우리가 반드시 해야 할 일 몇 가지를 이야기해보려고 한다.

첫 번째, 거절당했다고 자신을 쓸모없는 인간으로 여기거나 자신감을 잃지 마라.

자신이 확실히 거절당했다는 현실을 받아들이고 나면 그때서야 고통이 밀려온다. 이 고통은 단지 좋아하는 사람을 얻지 못했기 때문만이 아니라, 자신이 모든 사람에게 인정받지 못하고 있다는 생각이 들어서다. 오랫동안 쌓아온 자신감이 무너지고, 깊은 자기 회의감에 빠져 자신을 원망하고 한탄하기 시작한다.

모든 사람의 잠재의식 속에는 상처투성이의 자아상이 있는데, 그 안에는 우리의 결함과 약점, 실수, 그리고 부끄러운 경험들이 집약되어 있다. 우리 삶이 순탄할 때는 이 자아상이 내면 깊은 곳에 숨겨져 좀처럼 모습을 드러내지 않는다. 하지만 다른 사람에게 거절당하면, 특히 좋아하는 사람에게 거절당하면 숨겨져 있던 자아상이 깨어난다. 상대방의 입에서 나오는 'No'라는 이 짧은 한마디가 우리 귀에는 '당신은 독선적이고 어리석고 짜증나는 사람이야. 나는 그런 사람이랑 사귈 생각이 전혀 없어!'라는 말로 들린다.

그러나 사실 상대방에게는 그런 의도가 전혀 없다. 그런 생각이 들 때는 당신이 다른 사람을 거절했던 순간을 떠올려보는 것도 좋다. 아마 대부분, 당신이 그들을 싫어해서가 아니라 그저 서로 잘 어울리지 않다고 생각해서 거절한 것뿐이다. 다른 사람이 당신을 거절했을 때도 악의적인 멸시가 아니라 분명히 같은 생각을 했을 것이다. 무엇보다 당신의 마음속에 있는 상처로 얼룩진 자아상이 진짜가 아니라는 사실이 가장 중요하다. 그러므로 고백을 거절당한 후에는 상대방의 거절이 자기 연민의 도화선이 되지 않도록 하자. 거절당한다고 해서 당신의 가치가 떨어지는 것은 아니기 때문이다. 그리고 고백하지 않는 것도 대가가 따른다. 거절당하는 위험을 피하는 대신 당신의 망설임과 결정장애 때문에 어쩌면 함께할 수도 있었던 인연, 평생 손을 잡고 걸을 사람을 놓치고 마는 것이다. 이것은 인생의 어떤 기회에도 적용시킬 수 있다. 당신이 두려워해야 하는 것은 거절당하는 것이 아니라 아무것도 이루지 못한 채 인생을 끝내는 것이다.

두 번째, 당신을 거절한 사람들에게 원망을 품지 마라.

당신이 상처를 받았다고 해서 다른 사람에게 적대감을 가질 필요는 없다. 당신을 거절했다고 해서 그들이 나쁜 사람은 아니다. 우리는 모두 행복을 추구하며 살아가는데 단지 그 목표와 방향이 달랐을 뿐이다. '내가 그댈 사랑하는 건 그대와는 상관없어요'라는 노래 가사처럼 당신이 누군가를 좋아할 수 있지만 그 사람이 같은 마음으로 당신을 좋아해야 할 의무는 없다. 만약 다른 사람이 당신의 판타지대로 행동하지 않는다고 원망한다면 사람들은 당신에게서 점점 멀어

질 것이다. 그리고 이런 마음으로 감정을 관리하면 설령 정말 함께할 수 있다고 해도 결실을 맺기는 어렵다.

마지막 한 가지. 노래방에 가서 밤새도록 노래를 부르고, 여유롭게 반신욕도 즐기고, 좋아하는 레스토랑에서 식사를 하는 등 자기만의 충분한 시간과 공간을 가짐으로써 다시 정상적인 생활로 복귀할 수 있도록 한다.

'나는 좋은 사람이니까 분명히 나만 아껴주고 사랑해주는 사람을 만날 거야.'라는 신념을 가지고 자신을 잘 가꾸길 바란다. 그래야 가장 아름다운 모습으로 인생의 동반자를 만날 수 있다.

이별이 끝은 아니다

'실연은 여성에게 얼마나 큰 상처를 입힐까?' 우리에게 낯설지 않은 주제인만큼 상담 과정에서도 꽤 빈번하게 나타난다. 과거의 따뜻함을 그리워하는 사람도 있고, 그 순간의 상실을 기록해둔 사람도 있다. 또 새로운 관계로 과거의 상처를 덮어버리는 사람도 있다. 왜 우리는 같은 실연 앞에서 각자 다른 태도를 보이는 걸까? 그러니까 어떤 사람들이 일반적인 실연의 대처법과 정반대인 적극적이고 긍정적인 태도를 보일 수 있는 걸까? 어떻게 보면 이것은 매우 심오한 학문이다. 이번에는 '사랑에 실패했다고 모든 게 끝인가?'라는 질문을 던져보고 싶다.

나는 아일랜드 시인 로이 크로프트(Roy Croft)의 〈Love〉라는 시를 너무 좋아한다. '내가 당신을 사랑하는 것은 지금 당신이 당신이기 때문이기도 하지만 당신 곁에서 내가 또 다른 나로 변하기 때문이에요.' 두 사람이 비바람을 함께 이겨내고 서로에게 더 좋은 사람이 되는 것만으로도 충분하지 않을까? 이혼이나 이별 모두 그 감정이 잘못되었다고 말할 수 없다. 무엇보다 함께 있든 떨어져 있든 끊임없이 성장하고 더 좋은 사람이 되는 것이 중요하다.

이별은 그렇게 두렵지 않다. 정말 두려운 것은 당신이 앞으로 어떻게 살아야 할지 모른다는 것이다. 그래서 나는 이별의 의미는 제대로 깨닫는 것이 매우 중요하다고 생각한다.

어떤 사람들은 이별을 하고 나면 자신의 세상이 무너졌다고 생각하고 타락의 길에 들어선다. 먹지도 마시지도 않고 자신을 추스르지도 않는다. 그냥 가만히 침대에 누워서 눈을 감고 당시 자신이 했던 일을 떠올리며 애초에 이런 행동을 하지 말았어야 했다고 계속해서 자신을 책망한다. 만약 당신도 이런 생각을 했다면 정말 크게 잘못된 것이다. 실연은 실패가 아니라 성장 과정이다. 이 과정에서 우리는 자신의 부족함을 깨닫고 억지로 해서 되는 일은 없다는 것도 배우게 된다. 이미 끝난 관계를 억지로 붙잡고 있는 건 서로에게 시간 낭비다. 차라리 조용히 앉아서 이 관계에서 무엇을 배웠고, 또 무엇이 부족했는지 생각해보는 것이 좋다. 이것이 이별을 대하는 가장 올바른 태도이다.

'내가 예쁘지도 않고, 배려심도 없고, 상냥하지도 않아서 그가 날 떠난 거야.' 이런 생각은 당신의 머릿속에서 빨리 지우도록 하자!

많은 사람이 이별을 경험하고 나면 스스로 강해져야 한다고 말한다. 그래서 눈물을 삼키며 홀로 아픔을 견뎌낸다. 하지만 욕하고 울고 싶을 때는 아무도 당신을 막지 않으니 그저 하고 싶은 대로 하라고 말해주고 싶다. 이것은 우리 몸이 가장 필요로 하는 감정해소법이다. 울고 싶은 만큼 충분히 울고 나서 마음을 진정시키고 앞으로 어떻게 하면 좋을지 곰곰이 생각해보자. 이것이야말로 정상적인 자기치유의 궤도다. 그리고 당신이 가장 슬플 때 주변의 모든 사람이 당신의 가장 든든한 버팀목이라는 사실을 꼭 기억하기 바란다.

마지막으로 나 자신을 되찾는 법을 배우도록 하자. 사랑에 빠지면 자신의 반쪽을 얻은 것 같고, 이별하고 나면 자기 자신을 잃은 것 같다. 사실은 그렇지 않다. 진정한 사랑은 0.5+0.5가 아니라 1+0.5다. 그리고 나중에는 1+1이 된다. 당신이 0.5가 되는지 아니면 독립적인 1이 되는지는 전적으로 당신이 자신을 대하는 태도에 달려있다. 이 논리를 잘 생각하면 자신감이 충만해져서 무슨 일이든 할 수 있을 것이다.

    감정이 서서히 시들어가는 걸 느낄 때 우리가 할 수 있는 가장 지혜로운 선택은 천천히 내려놓는 것이다. 그리고 나면 비로소 자기만의 꽃봉오리를 만날 수 있다.

안정감은
자기 자신만 줄 수 있다

두 사람 사이에 안정감이 없으면 이것저것 의심하기 시작하고 결혼생활이 불안해질까봐, 혹은 상대방을 통제하지 못할까봐 두려워진다. 남편이 늦게 들어오면 혹시라도 다른 여성과 있었던 건 아닌지 의심하게 되고, 당신의 말에 크게 신경 쓰지 않으면 당신을 사랑하지 않거나 마음이 떠났다고 생각한다. 이 모든 것은 당신의 내면에 안정감이 제대로 충족되지 않았음을 보여준다. 당신의 불안함은 점점 짙어지고 두 사람의 관계 역시 점점 딱딱하게 굳어버리고 만다.

　당신에게 안정감이란 무엇인가? 안정감은 안정을 갈망하는 심리적 욕구로 한 사람이 다른 사람에게 주는 느낌이며, 안심할 수 있고 의지할 만하고 신뢰할 수 있는 언행 등의 표현이 가져다주는 내적 만족이다.

당신의 안정감은 매일 밤 일찍 퇴근하는 남편, 잠자리에 들기 전 남편과 나누는 사적인 대화, 진심 어린 경청과 보살핌에서 비롯될 수 있다. 이런 것들이 사라지면 당신은 불안하고 초조해지기 시작하며, 이것은 모두 자신에게 안정감을 주지 못하는 상대방의 잘못이라고 생각한다. 하지만 환경이나 타인, 사건 때문에 생기는 것처럼 보이는 이 불안함의 진원지는 사실 당신의 마음이다.

상대방에 비해 자신감이 낮으면 그가 다른 이성과 함께 있는 모습을 보면서 비록 동료 사이일지라도 당신보다 어리고 아름답고 능력이 있다고 생각하기 때문에 지금 그의 옆에 있는 저 여성이 언젠가 당신을 대신하게 될지도 모른다는 두려움과 불안감에 휩싸여 의심을 멈추지 못한다. 그리고 그 여성은 하늘에서 내려온 천사로 여기면서 자기 자신은 아무짝에도 쓸모없는 사람이라고 평가절하한다. 이렇게까지 할 필요가 있을까?

또 한 가지 원인은 유년 시절의 경험 때문이다. 어렸을 때 부모에게 지나치게 의존적이어서 안정과 만족에 대한 욕구가 있었다. 그런데 부모님이 자신을 항상 집에 혼자 두거나 인생의 중요한 시기를 지날 때 함께 있어 주지 않는다면 당신은 불안함을 느끼고 심지어 부모에게 적대감을 가질 수 있다. 하지만 부모에게 너무 의존한 탓에 다른 사람에 비해 불안과 무기력을 쉽게 느낄 수밖에 없다. 그래서 성인이 되고 배우자가 생겨도 그 사람의 여러 행동이 자신에게 안정감을 주지 못하면 또다시 불안해하고 아무도 자기 마음을 알아주지 않는다고 생각한다.

어쩌면 지금까지 당신은 다른 사람에게 의존해왔기 때문에 안정감이 외부 세계에서 온다고 생각할 수도 있지만 사실 그렇지 않다. 안정감이라는 것은 자기 스스로 주는 것이다.

자신이 부족하다고 느끼는 이상 자신을 변화시키기 위한 노력이 필요하다. 이것은 심리적으로 당신이 사랑하는 사람에게 어울리는 사람이 되기 위한 과정일 뿐만 아니라 자신을 지속적으로 발전시키는 과정이기도 하다. 여가 시간에는 책을 많이 읽고 지식을 풍부하게 쌓으며, 일 년에 한두 번 여행을 하며 시야를 넓히고, 패션 잡지를 보면서 외모적인 센스를 기르는 일도 중요하다. 당신이 충분한 경지에 올랐을 때 안정감은 언제나 당신 옆에 있을 것이다.

잊지 않고 있으면
반드시 돌아올까?

최근 몇 년간 '잊지 않고 있으면 반드시 돌아온다.'는 말을 너무 많이 들어왔다.

과연 감정도 잊지 않고 간직하고 있으면 다시 돌아올까?

'잊지 않고 있으면 반드시 돌아온다.' 이 구절은 리수통(李叔同)의 《완칭지》에서 처음 등장했는데, 그의 작품 속 내용은 이렇다.

세상은 메아리 계곡이다. 잊지 않고 있으면 반드시 돌아온다. 당신이 크게 소리치면 산골짜기가 울리고 그 소리가 천 리에 달해 결국 세상 저편에 가서 닿는다. 무슨 일이든 잊지 않고 있으면 반드시 돌아온다. 당신의 마음속에 전해지는 소리는 끊임없이 퍼져나가 마침내 마음에 새겨진다.

잊지 않고 있으면 반드시 돌아온다. 부드럽고 확고한 이 말은 순식간에 사람들의 마음을 사로잡았다. 문예적 참신함과 독특한 품격을 지닌데다가, 실제로 '뜻이 있는 곳에 길이 있다'는 유명한 속담과 같은 가치를 추구하고 있다. 그리고 세상 사람들에게 '우리가 사는 인생은 끝까지 버티다 보면 바라던 결과를 얻을 수 있다'고 말해주는 것 같다. 과연 이것은 절대불변의 법칙일까? 그리고 무슨 일이든 언제 어디서든 적용이 가능할까?

최근 많은 사람들이 '집착'이라는 단어를 지나치게 미화해서 사용하고 있는 경향이 있다. 그래서인지 부드러우면서도 확고한 의지를 담고 있는 이 말로 삶의 여러 영역을 표현할 수 있다는 것을 알게 되자, 지체 없이 자신의 인생관과 사랑관의 기준으로 삼았다. 그러나 감정이라는 영역에서도 이 말을 적용하면서 자신을 계속 격려하는 게 의미가 있을까? 어쩌면 이 글을 읽는 것 자체가 무의미할지도 모른다.

당신이 잊지 못하고 다시 돌아오길 바라는 사람 대부분은 당신에게 더 이상 마음이 없다. 이리저리 뒤척이며 잠을 못 이룰 정도로 그 사람을 그리워하는 것은 자신이 행복할 수 있는 능력을 그에게 맡기고 그의 작은 따뜻함과 친절을 어두운 밤의 한 줄기 빛으로 여기며 그를 포기하지 않을 핑계를 끊임없이 찾는 것일 뿐이다. 이렇게 한다고 달라지는 것이 있을까? 스스로 뿌듯하고 감격스러운가? 그 사람은 그만 잊어버리자! 정말 당신을 사랑한다면 이도 저도 아닌 태도를 보일 리 없을뿐더러, 애매한 관계 속에서 당신을 혼란스럽게 하지도 않을 것이다. 맹목적인 집착이 당신에게 가져다주는 유일한 것은 정신적인 일시적 자기마비와 상처뿐이다. 당신에게 그 사람은 당신이 잊지 못할 그럴 가치가 없는 사람이다.

상대방은 한 번도 당신을 마음에 두거나 관심을 가진 적이 없기 때문에 당신의 이런 집착과 노력이 오히려 가볍고 우스워 보일 수밖에 없다. 또 두 사람이 원래 친구였다면 당신의 이런 지나친 행동은 원하는 결과를 얻기는커녕 기존의 우정까지도 해칠 수 있다. 나도 원하는 것을 얻지 못할 때의 고통을 잘 알고 있지만 '억지로 해서 되는 일은 없다'는 것도 잘 알고 있다.

오랫동안 감정에 사로잡혀 헤어 나오지 못하면 소중한 시간만 흘려보낼 뿐이다. 그렇다고 긴 인생을 버텨낼 힘이 필요하다는 것을 부인하는 것은 아니다. 그러나 감정의 문제에서만은 적당한 선을 지키는 법을 배워야 한다.

짝사랑도
치유의 과정일까?

다음으로 나는 당신이 부정적인 마음을 버리고 올바른 사랑의 길로 접어들 수 있도록 마음가짐을 다지는 방법을 알려주려고 한다.

첫째, 자신을 긍정적으로 인정해야 한다. 좋아하는 사람에게 사랑을 받지 못하면 자연스럽게 자신의 결점에 주목하게 된다. 나는 왜 더 예쁘고 똑똑하지 못한 건지 원망만 늘어놓을 게 뻔하다. 이럴 때 굳이 해결되지 않는 문제에 힘을 빼면 당신의 상태는 점점 나빠질 뿐만 아니라 본래 생활도 망가질 수 있다. 그러므로 자신의 장점에 더욱 집중해야 한다. 자신의 긍정적인 모습에만 관심을 가지면 자기도 모르게 어느새 극대화시킬 수 있다는 심리적인 암시를 통해 자신감을 가질 수 있다. 예를 들어, 크든 작든 당신이 성취한 일을 회상해보고 자신에게 말해보자. "넌 정말 대단해! 넌 최고야!" 바보 같아 보이는 행동이라도 자신감 회복에 긍정적으로 작용한다.

이와 같은 맥락으로 자신의 외적인 이미지 변화를 통해 자신감을 높일 수 있다. 예쁘게 화장을 하거나 잘 차려입거나 혹은 자신감이 충만한 사람의 행동을 따라 해보는 것 등은 외부로부터 자신감을 얻을 수 있는 아주 좋은 방법이다.

둘째, 짝사랑의 실패를 인정해야 한다. 당신은 이미 모든 사랑이 당신에게 가장 잘 어울리는 사랑으로 오기 위해서 준비되어 있다는 사실을 알고 있기 때문이다. 연애를 하는 동안은 사랑을 가장 우선시하기 때문에 가족과 친구들에게 소홀해지고 심지어 점점 자신도 잃어간다. 또 상대방에 대한 의심을 해소하지 못해 항상 걱정과 불안함에 휩싸여 있어서 상대방을 극심한 스트레스로 밀어 넣는다. 이러한 상황이 슬프긴 하지만 가장 중요한 역할은 당신의 상처를 치유하고 다음에 다가올 사랑이 완벽해지게 하는 것이다. 과거의 관계에서 자신을 잃어버렸던 교훈을 얻었다면 다음 관계에서는 사랑 외에 일이나 가족 등도 소홀히 해서는 안 된다는 것을 의식적으로 상기할 수 있다. 이렇게 하면 사랑에서 독립적이고 매력적인 모습을 유지할 수 있으며 자연스럽게 같은 실수를 반복하지 않게 된다. 한 드라마에 이런 대사가 나온다. "어떤 사람은 나에게 성장하는 법을 가르쳐 줬고, 또 어떤 사람은 나에게 사랑을 가르쳐 줬어. 감정에 따라 다른 선물을 받게 될 거야."

연애는 기나긴 여정이다. 이 여정의 목적은 자신을 승화시키는 것이니 너무 조급해하지 말고 진정한 치유에서 이어지는 사랑을 경험해보자. 수없이 많은 산과 강을 넘어야 최고의 장소에 다다를 수 있듯이, 사랑도 마찬가지다. 여러 번의 사랑과 치유를 경험해야 비로소 자신에게 가장 잘 어울리는 사랑을 만날 수 있다.

첫사랑은
왜 잊지 못하는 걸까?

나중에야 비로소 나는 사랑하는 방법을 배웠다. 그러나 당신은 저 멀리 떠나버렸다. 그리고 한 번 놓친 사랑은 다시 돌아오지 않는다는 것을 깨달았다. ―《먼 훗날(后来)》

　내가 처음 들었던 첫사랑에 대한 설명이었는데, 실제로 첫사랑을 겪어보고 나서야 첫사랑이 이런 매력을 갖고 있었다는 사실을 알게 됐다. 아마도 당신은 그때의 나이가 정확히 기억나지 않을지도 모른다. 또 얼마나 오랫동안 함께했는지, 어쩌면 첫사랑의 얼굴이 가물가물할지도 모른다. 하지만 그를 보면 뛰기 시작했던 심장의 콩닥거리는 느낌은 사라지지 않았고 기억 속에서 함께했던 행복한 웃음은 한 번도 빛이 바랜 적이 없다. 시간이 흘러도 당신의 마음속에는 첫 설렘의 느낌이 영원히 남아있을 것이다.

밸런타인데이가 돌아오면 나는 나도 모르게 첫사랑이 떠오르곤 한다. 살짝 올라간 눈꼬리, 오뚝한 콧날, 웃을 때 움푹 들어가는 보조개, 피아노를 칠 때 집중하던 모습과 그의 특유의 향기가 한꺼번에 밀려온다. 물론 이 모든 게 지나간 일이라는 걸 알지만, 그 순간 가슴에 와 닿았던 달콤함은 오랫동안 사라지지 않는다.

많은 사람이 나와 비슷한 감정을 느껴봤을 것이다. 정말 문득 그가 떠오르는 순간이 있는데, 그가 그리 멀지 않은 곳에 있는 것 같은 느낌에 복잡하고 미묘한, 말로 설명할 수 없는 감정이 생기기도 하고, 또 이미 오랜 시간이 흘렀다는 생각에 나도 모르게 입꼬리가 살짝 올라가곤 한다. 하지만 어쨌든 첫사랑은 기억의 한 구석에 소중히 간직하고 있다.

심리학자들은 첫사랑의 시작과 발전 과정을 두 가지 단계로 나눈다. 첫 번째 단계는 동경의식 단계다. 이때 이성에 대한 사랑이 조금씩 생겨나기 시작하고 몰래 하는 사랑, 즉 '짝사랑'이 시작된다. 조사에 따르면 사람들 대부분은 첫사랑을 학창 시절, 특히 중·고등학교 시절에 시작하는 것으로 나타났다. 이때 사람들은 사랑에 대한 막연하고 신비로운 기대감을 가지고 있고, 동경하는 마음이 있지만 사랑의 베일을 벗겨내지 못한다. 종종 졸업 때까지도 말하지 못한 채 묵묵히 지켜보기만 하는 경우도 있다. 그 달콤함과 슬픔이 뒤섞여 빚어낸 순수함은 이렇게 가슴에 와 닿아 가끔 그윽한 향기를 풍긴다.

첫사랑의 두 번째 단계는 '연애'의 수준까지 발전해서 이미 사랑이 싹튼 시기다. 이때는 입시 스트레스에 시달리긴 해도 경제적인 부담 없이 서로를 아끼는 순수한 사랑이 전개된다. 그러나 대부분 중간에 끝나버리거나 고등학교 졸업 후 각자의 진로를 위해 서로를 떠날 수밖에 없다. 이렇게 이루어지지 못한 사랑은 이후로 많은 사람의 가슴 속에 영원한 상처로 남게 된다.

그렇다면 왜 첫사랑은 항상 상처로 남아 쉽게 지워지지 않는 걸까? 이것은 세 가지 심리학 효과 때문이다.

첫 번째, 자이가르닉 효과(Zeigarnik Effect)**이다.** 성공적으로 잘 마무리된 일은 쉽게 잊어버리고, 중단되거나 제대로 마치지 못한 일은 마음속에서 쉽게 잊어버리지 못하는 현상을 말한다. 당신이 어떤 일을 하다가 갑자기 중단됐다면, 당신은 그 일을 한참 동안 계속해서 떠올리게 될 것이다.

첫사랑이 마음속에 이렇게 오래도록 남아있는 이유 역시 바로 미완성이기 때문이다. 원래 얻기 힘든 것일수록 사람들의 마음속에 그 위상이 높아지고, 더 매력적으로 느껴진다. 사람들은 종종 흐지부지 사라진 감정을 주워 담고 첫사랑과 함께 보냈던 아름다운 시절을 떠올리곤 한다. '그때 헤어지지 않았다면 지금쯤 우리는⋯⋯' 이런 생각을 할수록 잊지 못할 기억들은 우리의 뇌리에 깊이 박혀버리고 처음의 설렘도 가슴에 깊이 새겨져 평생 잊지 못한다.

두 번째, 낙관주의적 기억이다. 돌이켜 생각해보자. 첫사랑에 대해 아름답고 따뜻한 기억만 갖고 있는가? 한때 순진하고 어려서 서로에게 줬던 상처와 의심은 시간이 지날수록 옅어지는 것 같은데, 함께했던 아름다운 순간은 더 오래, 짙게 남아 있다. 이는 사람의 기억에 슬픈 경험을 기쁜 경험으로 바꿔주는 특별한 기능이 있어서다. 당시의 풋풋함과 눈물은 사라지고 행복함과 만족감만 마음에 남아 첫사랑은 이상적인 존재가 돼버린다.

세 번째, '로미오와 줄리엣 효과'이다. 로미오와 줄리엣의 사랑 이야기를 모르는 사람은 없을 것이다. 그들은 서로를 사랑했지만 가족의 반대에 부딪혀 결국 사랑을 위해 죽음을 택했다. 이것은 부모나 주변인들의 반대로 인해 사랑이 더 절실해지고 깊어지는 상태를 의미한다. 학창 시절 첫사랑을 경험했다면 부모님의 반대와 학업 스트레스 때문에 결국 헤어짐을 선택했을 텐데, 혹시 그때 첫사랑을 포기하고 싶지 않아서 치열하게 반항하지는 않았는가? 바로 이런 경험 때문에 첫사랑을 잊지 못하는 것이다. 만약 외부의 압박 때문이 아니라 오랜 연애 끝에 성격이나 마음이 맞지 않아서 헤어졌다면 어떨까? 첫사랑의 존재가 여전히 당신의 가슴속에 아련하게 남아있을까?

17세기 초, 프랑스 철학자 라 브뤼예르(Jean de La Bruyère)는 '사람이 마음속 깊은 곳으로부터 사랑하는 것은 단 한 번밖에 없다. 그것이 첫사랑이다. 첫사랑 이후의 사랑은 첫사랑만큼 무의식적이지는 못하다.'라고 말했다. 첫사랑은 결코 되돌릴 수 없는 세월이다. 그러니 끝내지 못하는 감정 때문에 후회하고 슬퍼할 필요는 없다. 잊지 못하는 자신 때문에 괴로워할 이유는 더더군다나 없다. 일생에 한 번 있을 법한 사랑을 우리 마음에 점처럼 영원히 남겨두는 것이 가장 아름다운 모습일지도 모른다.

첫사랑에 감사하고 그로부터 배우면서 문밖에서 기다리는 다른 사랑을 기대하길 바란다. 당신은 그를 놓쳤지만 누군가가 다음 교차로에서 당신을 기다리고 있을 거라는 사실을 기억하길 바란다.

과감하게 말하는 것이
진정한 해답일지도 모른다

이혼한 부부나 헤어진 연인, 절교한 친구들은 헤어지고 난 후에는 그들의 이름조차 꺼내지 않으려는 듯 입을 꾹 다문다. 그러나 내가 보기에는 겉으로는 마음을 비웠다고 하지만 아직 속으로는 절대 내려놓을 수 없다는 것을 반영한다. 상대방과 관련된 내용이 조금이라도 언급되면 자신의 감정이 드러나고 상처가 들춰질까봐 두려워한다. 그래서 가끔은 차라리 시원하게 말하는 것이 나을 때가 있다.

사실 감정적으로만 마음을 풀어야 하는 것이 아니라, 생활 속에서도 내려놓아야 할 것들이 있다. 그렇다면 진짜 마음을 푸는 방법에는 무엇이 있는지 알아보도록 하자.

첫째, 도망가지 말고 적극적으로 맞서야 한다. 사는 게 뜻대로 되지 않을 때 대부분의 사람들은 도망가는 경향이 있다. 사실 우리는 그것을 직면하고 한쪽에 서서 이 사건이나 감정을 자세히 들여다보고 나쁜 결과를 초래하는 원인을 찾아야 한다. 이 일을 대하는 태도와 생각을 비교하면서 서로의 입장을 고려해보고, 상대방의 마음과 자신의 생각을 결합하면 모든 문제는 더 이상 문제가 되지 않을 것이다.

둘째, 여행을 떠나라. 기분 전환에 여행만큼 좋은 방법이 없다고 하나같이 입을 모은다. 평소 가고 싶었던 곳이나 좋아하는 곳을 걸으면서 온몸의 긴장감을 풀고 잠시나마 해방된 느낌을 누려보자. 대도시에 가서는 다른 사람들의 생활 리듬을 느끼고, 바닷가에서는 바닷바람을 맞으며 모래사장에 누워 햇볕을 쬐어보자. 여행 중에 알게 되는 새로운 친구를 통해 다른 사람의 가치관과 인생관을 배울 수 있을 것이며, 어쩌면 당신은 그동안 놓을 수 없었던 감정과 사람에 대한 새로운 이해를 갖게 될 것이다.

셋째, 환경을 바꾸고 자신의 감정을 살피자. 여행은 일시적으로 환경을 바꾸는 방법일 뿐이다. 돌아온 후에 주변 환경으로 인해 헤어진 일을 계속 상기하게 되고 부정적인 감정을 놓지 못한다면 직장을 옮기거나 이사를 하는 것이 좋다. 새로운 환경에서 자신을 재정비하고 자신의 감정을 돌보는 것이 우선이다. 마음을 내려놓는 전제는 과거에 파묻

히지 않는 것이다. 새로운 것은 많이 시도하고 이전과 또 다른 아름다움을 느끼면 과거에 얻지 못했던 것에 더 이상 집착하지 않을 것이다.

넷째, 한 가지 일에 몰두한다. 책 한 권을 읽어도 좋고, 춤이나 악기를 배워도 좋다. 또 음악을 들으면서 공예를 배우는 것도 좋다. 사람마다 취미가 다르니 자신이 좋아하는 것을 한 가지 선택하길 바란다. 한 가지 일에 몰두하다 보면 그동안 간과했던 많은 부분이 갑자기 눈에 띄기도 하고 무심코 하던 일에서 문제에 대한 답을 얻게 되어 마음의 자유를 누릴 수 있다.

그리고 한 가지 일에 몰두하는 것은 당신 자신에게 많은 도움이 된다. 일상의 아름다움을 발견하는 재미를 알게 되면 어느 한 가지에 집착하는 습관을 버릴 수 있을 것이다.

언젠가 당신을 힘들게 했던 일들을 담담하고 솔직하게 말할 수 있고, 웃는 얼굴로 그 사람의 이름을 말할 수 있고 여태까지 지키지 못했던 약속을 지킬 수 있을 때, 아마 그때가 정말 당신이 마음속에 있는 모든 것을 내려놓을 때일 것이다.

헤어진 후에도
친구가 될 수 있을까?

헤어지고 난 후에도 여전히 친구로 지낼 수 있을지는 아직까지도 논쟁의 여지가 남아 있다. 대부분의 경우 헤어지고 난 후 다시 친구가 되는 것은 불가능하다.

과거에 서로가 남긴 상처는 두 사람 사이에 넘을 수 없는 장애물이 되어버렸다. 그래서인지 많은 사람이 더 이상 과거의 연인과 소통하지 않고 그 사람의 존재를 부정하거나 심지어 그와 같은 공기를 마시는 것조차 거부한다.

그러나 어떤 사람들은 헤어진 뒤 서로에 대한 기대가 아예 사라져서 오히려 진짜 순수한 우정을 이어가기도 한다.

그렇다면 어떤 커플이 헤어진 뒤 친구가 될 수 있을까?

첫째, 헤어지는 순간이 유쾌하고 정상적이었다. 이런 관계에서는 막장 드라마의 요소를 찾아볼 수 없다. 이들이 헤어진 이유는 바람, 변심, 불신이나 질투와 무관하며, 두 사람의 원만한 합의하에 관계의 결말이 이루어졌다.

둘째, 서로 강력한 사회적 지지 체계를 가지고 있다. 이별 후 어려운 시기를 극복할 수 있도록 친구와 가족이라는 강력한 사회적 지지 체계가 있으면, 헤어진 후에도 전 연인과 우정을 이어갈 수 있는 가능성이 더 커진다.

셋째, 친구에서 연인으로 발전했다. 당신이든 상대방이든 누가 이별을 통보한 것과는 상관없이, 두 사람이 친구에서 연인으로 발전한 경우라면 공통된 친구나 지인이 많아 관계를 정리한 후에도 친구로 편하게 지낼 수 있다. 특히 학창시절에는 연애가 끝나면 우정으로 돌아오는 경우가 많다.

넷째, 서로를 위해 한 약속이 많다. 서로에게 많은 약속을 하고 더 많이 헌신하고 더 깊은 유대감을 쌓은 사람들은 헤어진 후에도 친구가 될 가능성이 높다.

그렇다면 전 연인과 우정을 유지하는 것은 정말 좋은 생각일까?

지금까지 두 사람이 헤어진 후에도 우정을 유지할 수 있는 요소들에 대해 이야기를 나누긴 했지만, 그렇다고 친구로 남는 것이 가장 좋은 선택이라는 의미는 아니다. 만약 전에 만났던 사람이 당신을 속이거나 학대로 인해 당신에게 깊은 상처를 준 적이 있다면, 친구로 남는 것은 오히려 좋은 생각이 아닐 수 있다.

많은 사람이 전 연인과 친구가 된다는 것은 당신이 그만큼 성숙하고 인간관계를 잘 다루는 사람이라는 것을 의미한다고 믿는다. 그러나 그보다 더 많은 사람이 여전히 고민에 고민을 거듭한다. 현재 연인에 대한 걱정과 어색함이나 두려움 등도 고민 요소들 중 하나다.

전 연인과 친구가 된다고 해서 친한 친구만큼 가까워야 하는 것은 아니며, 친구가 아니라고 해서 반드시 얼굴을 찡그릴 필요는 없다.

그러나 헤어진 후에는 전 연인과의 명확한 경계를 정하는 것이 중요하다. 먼저 상대방의 경계를 존중하고 함부로 행동하지 말아야 한다. 상대방 역시 자신의 경계를 넘지 못하도록 해야 누구에게도 피해를 주지 않는다. 각자의 삶을 살면서 공적인 자리에서만 우호적인 태도를 유지하는 방법도 어쩌면 절충적인 선택일 수 있다.

이별 후
억울하지 않으려면

지금까지 살아오면서 당신도 많은 세월을 흘려보냈다. 여러 곳의 구름을 보았고, 다양한 소리도 들었으며 사랑에 대한 주옥같은 명언도 많이 알고 있다. 어렸을 때 사랑의 명언을 작은 노트에 베껴 쓰기를 좋아했던 것부터 소설과 영화, 실제 삶에서 사랑의 다양한 모습을 보았다. 이론적으로는 자신과 맞지 않는 사람과 헤어지는 시기와 새로운 삶을 시작하는 방법을 배웠는데, 왜 여전히 스스로에게 결단을 내리라고 설득하지 못할까?

'모든 이유를 알겠는데 왜 아직도 억울한 걸까.' 펑탕(馮唐)의 〈하오런(好人)〉이라는 시에 나오는 구절이다. 이 구절을 보니 전에 읽었던 이야기가 떠올랐다. 이야기 속 여성은 할 수 있는 모든 노력과 자신의 존엄성까지 잃어가며 마침내 자신이 좋아하는 남성과 함께하게 되었다. 하지만 그 남성은 그녀를 별로 좋아하지 않았다. 그녀 또한 이 사실을 알고 있었지만 차마 헤어지자는 말을 할 수 없어서 그에게 더 잘 해주었다. 결국 남성은 죄책감을 지고 여성을 떠났고 마지막까지 그녀는 그를 놓지 못했다. 많은 사람이 여성의 마지막 행동이 너무 미련하다고 생각한다. 그러나 우리가 이야기 속 주인공이었다면 우리도 그녀와 마찬가지로 억울한 마음에 '올바른' 결정을 내릴 수 없었을 것이다.

사람들은 사랑에 끈질기게 집착하는 그 여성의 행위에 대해 어떤 평가도 내릴 수 없지만, 더 나은 삶을 위해서라도 끝까지 이 감정을 놓지 못하는 행위에 대해서는 공감하지 못한다. 이럴 때는 다른 사람의 위로도 필요하지만 무엇보다 미련이 남아 있는 과거를 내려놓기 위해 더욱 노력해야 한다.

사람들이 감정을 내려놓지 못하는 이유는 아직도 그 사람을 사랑하기 때문이거나 그 사람을 좋아했던 자신을 그리워하기 때문이다. 한 사람을 오랫동안 좋아하다 보면 진심으로 좋아하는 마음과 함께 있는 것에 익숙해지는 두 가지 감정을 혼동하는 경우가 많다. 또 좋아하는 감정과 애착을 느

끼는 감정을 혼동하는 경우도 종종 있다. 그래서 그 사람을 놓아주기로 결정하려면 당신이 진정으로 좋아하는 것이 무엇인지 정확하게 이해해야 한다. 그와의 관계에 수많은 갈등과 장애물이 있었다는 사실을 알게 되고, 두 사람에게 처음 느꼈던 단순한 감정이 사라졌다면 당신은 자신을 설득하는 데 성공했을 것이다. '내려놓지 못하는 건 없다. 아프면 저절로 내려놓는다.'는 말처럼 말이다.

또한 관계에서 당신이 패배하는 것을 두려워하지 마라. 관계라는 게임에서 지더라도 가슴을 펴고 조금은 고개를 뻔뻔하게 들 필요가 있다. 그때 당신은 너무 사랑에 순수하고 관계에 진심이었을 뿐이니까 말이다. 감정으로 승부를 정한다면 이길 사람은 아무도 없다. 당신이 좋아하는 사람과 하는 게임은 처음부터 당신이 지는 게임일 수밖에 없다. 많은 사람이 과거와의 작별을 원하지 않는데, 그 이유 중 하나가 자신이 졌다는 것을 인정하기 싫고, 마지막까지 자신이 피흘리고 쓰러지는 모습을 보고 싶지 않은, 일말의 자존심이라도 지키고 싶어서다. 물론 아무것도 얻지 못한 자신이 마음에 들지 않아서, 자신의 노력과 헌신에 대한 동일한 대가를 받으려고 하는 사람도 있다. 관계를 정리하고 남은 것이 아무것도 없으면 상처투성이의 감정에 계속해서 매달리게 된다. 그런데 사랑하지 않는 사람을 두고 자신의 득실과 자존심을 굳이 따질 필요가 있을까?

어차피 헤어질 거면 평생 다시 만날 수 있을지 없을지도 모르는 일인데, 굳이 따져서 뭐 하겠는가. 따진다 한들 그는 신경조차 쓰지 않을 것이고. 시간이 지나고 나면 당신도 기억조차 못 할 것이다.

마지막으로 언제나 편안하게, 자신을 위해 살아야 한다. 두 사람의 관계에 이별을 고하고 나면 더 행복하고 더 아름다워지지 않을까 생각해본다. 과거를 내려놓는다고 해서 인생이 엉망이 되지는 않는다. 오히려 더 나아질 수도 있다는 걸 알게 되면 저절로 마음이 풀린다. 이익을 추구하고 상처를 피하는 것은 인간의 본능이다.

감정과 사랑 심리학

1판 1쇄 2022년 2월 28일
1판 2쇄 2022년 3월 5일

지은이 레몬심리 **옮긴이** 박영란
펴낸이 유경회 **편집** 음정미 **일러스트** 설찌 **디자인** 레이첼
펴낸곳 레몬한스푼 **출판등록** 2021년 4월 23일 제2022-000004호
주소 35353 대전광역시 서구 도안동로 234, 316동 203호
전화 042-542-6567 **팩스** 042-542-6568 **이메일** bababooks1@naver.com
인스타그램 bababooks2020. official
ISBN 979-11-969881-9-7 03180

레몬한스푼은 도서출판 바바의 브랜드입니다.